U0583502

吉林通志

三

〔清〕長順 訥欽 修
〔清〕李桂林 顧雲 纂

吉林通志卷十四

輿地志二天度下

伯都訥表一

節氣

吉林通志卷十四

輿地志二 天度下

伯都訥表一 二十四節氣日午正太陽高度及立表卧表景長○表高五尺

節氣		冬至日	小寒日
日躔	宮 十 度	丑 ○ 初	丑 一 五
實高	十度 十分 十秒	二一 一六 ○○	二二 ○六 四四
半徑差角	秒	八	八
視高	十度 十分 十秒	二一 一五 五二	二二 ○六 三二
視半徑	十分 十秒	一六 二二	一六 二三
上邊視高	十度 十分 十秒	二一 三二 一四	二二 二二 五九
立表平景	丈尺 寸分 釐毫	一二 六六 九一	一二 一四 一一
下邊視高	十度 十分 十秒	二○ 五九 三○	二一 五○ 一三
卧表倒景	丈尺 寸分 釐毫	○一 九一 八五	○二 ○○ 三六
日躔	宮 十 度	丑 ○ 初	寅 一 五
節氣		冬至日	大雪日

	春分日		驚蟄日		雨水日		立春日		大寒日
初○	戌	五一	亥	初○	亥	五一	子	初○	子
○四 ○五	四 四	四四 九九	三 八	二一 七五	三 三	○二 三三	二 八	四三 四三	二 四
六		六		七		七		八	
五四 四四	四 四	四四 三九	三 八	二一 ○五	三 三	五二 六二	二 八	三三 六三	二 四
○一 九六		一一 三六		一一 七六		二一 ○六		二一 二六	
○○ 三一	四 五	五○ 六五	三 九	三三 七一	三 三	一三 六九	二 八	五四 八九	二 四
六九 九九	○ 四	二一 七五	○ 六	六五 五四	○ 七	九一 九四	○ 九	四八 八○	一 ○
四二 五八	四 四	三三 ○三	三 八	○五 三九	三 二	三○ 六六	二 八	一一 四七	二 四
九九 九○	○ 四	五九 五八	○ 三	五二 一四	○ 三	○六 九七	○ 二	六二 二五	○ 二
初○	辰	五一	辰	初○	卯	五一	卯	初○	寅
	秋分日		寒露日		霜降日		立冬日		小雪日

清明日			穀雨日			立夏日			小滿日			芒種日		
戌	一	五	酉	〇	初	酉	一	五	申	〇	初	申	一	五
五〇	四〇	一一	五六	一四	三三	六一	〇六	五七	六四	五六	一六	六七	二三	一六
	五			四			四			三			三	
五〇	四〇	〇六	五六	一四	二九	六一	〇六	五三	六四	五六	一三	六七	二三	一三
	一六	〇五		一六	〇一		一五	五七		一五	五四		一五	五一
五〇	五六	一一	五六	三〇	三〇	六一	二二	五〇	六五	一二	〇七	六七	三九	〇四
〇四	〇五	八一	〇三	三〇	八四	〇二	七二	八三	〇二	三二	〇一	〇二	〇五	六六
五〇	二四	〇一	五五	五八	二八	六〇	五〇	五六	六四	四〇	一九	六七	〇七	二二
〇六	〇四	三八	〇七	四〇	五七	〇八	九六	四四	一〇	五六	四一	一一	八四	九八
巳	一	五	巳	〇	初	午	一	五	午	〇	初	未	一	五
白露日			處暑日			立秋日			大暑日			小暑日		

吉林通志卷十四 三

夏至日		
未	○	初
六八	一四	○○
	三	
六八	一三	五七
	一五	五○
六八	二八	四七
○一	九七	一六
六七	五八	○七
一二	三五	五九
未	○	初
夏至日		

伯都訥表二十二月中氣日逐時太陽上邊視高度太陽平景方位偏度及景長○此篇專為造日晷而設故立五分高之表以取景其景長僅當前表百分之一

中氣	時正	太陽上邊視高（十度 十分 十秒）	太陽方位	太陽平景偏度（十度 十分 十秒）	平景方位	立表平景（寸分釐毫）	中氣
十一月冬至日	辰申正	○三 ○五 五六	正東西偏南	三七 二一 ○五	正西東偏北	九二三六	十一月冬至日
	巳未正	一六 一八 一四	正南偏東西	二八 二九 五八	正北偏西東	一七○九	
	午正	二一 三二 一四	正南		正北	一二六七	
十二月大寒日	辰申正	○五 一三 四六	正東西偏南	三五 一九 五八	正西東偏北	五四六三	十月小雪日
	巳未正	一八 五一 ○八	正南偏東西	三○ 五二 三三	正北偏西東	一四六四	
	午正	二四 四九 五八	正南		正北	一○八○	

正月	辰申正	一二 ○○ 二八	正東西偏南	二一九 五四 四五	正西東偏北	二三五○	九月
雨水	巳未正	二七 一三 五○	正南偏東西	三三 二四 一四	正北偏西東	○九六五	霜降
日	午正	三三 三一 三七	正南		正北	○七五五	日
二月	辰申正	二一○ 五五 二三	正東西偏南	二三二 一六 ○四	正西東偏北	一三○八	八月
春分	巳未正	三七 五三 三五	正南偏東西	三九 ○八 一八	正北偏西東	○六四二	秋分
日	午正	四五 ○一 ○三	正南		正北	○五○○	日
三月	卯酉正	○八 二四 一七	正東西偏北	○八 ○九 ○八	正西東偏南	三三八四	七月
穀雨	辰申正	二七 四八 二七	正東西偏南	一三 四四 三四	正西東偏北	○九四八	處暑
日	巳未正	四七 五五 一三	正東西偏南	四三 一九 五七	正西東偏北	○四五一	日
	午正	五六 三○ 三○	正南		正北	○三三一	

四月	卯酉正	一四 二四 三七	正東西偏北	一四 三一 二○	正西東偏南	一九三九	六月
小滿	辰申正	三五 二四 三三	正東西偏南	○六 一九 一六	正西東偏北	○七○三	大暑
日	巳未正	五五 ○六 ○三	正東西偏南	三五 二六 一五	正西東偏北	○三四九	日
	午正	六五 一二 ○七	正南		正北	○二三一	
五月	卯酉正	一七 四一 五一	正東西偏北	一七 ○○ 二六	正西東偏南	一五六七	五月
夏至	辰申正	三八 二二 三三	正東西偏南	○三 一五 一一	正西東偏北	○六三一	夏至
日	巳未正	五八 一一 三一	正東西偏南	三一 四三 四八	正西東偏北	○三一○	日
	午正	六八 二八 四七	正南		正北	○一九七	

吉林通志卷十四 五

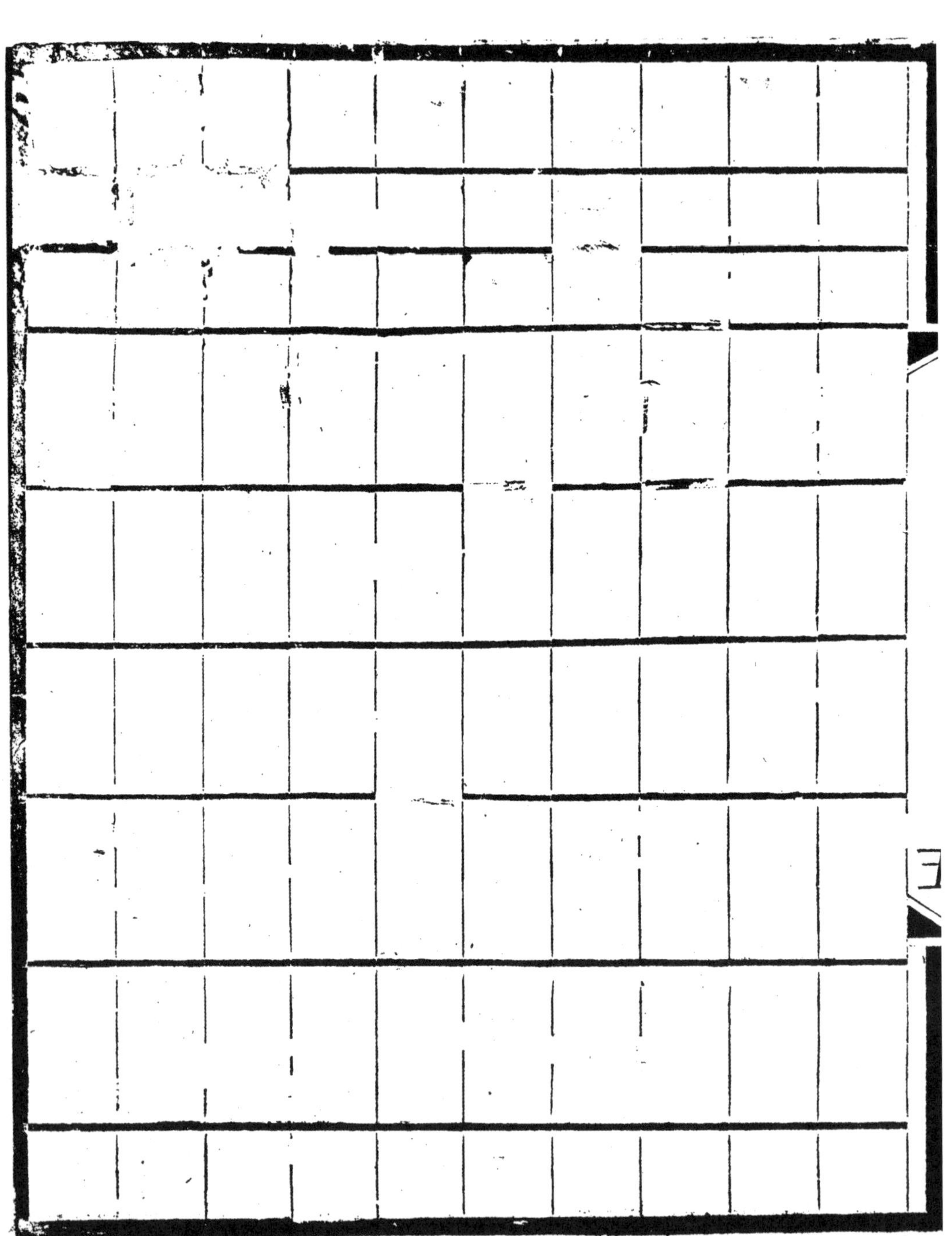

伯都訥表三　二十四節氣日日出日入時刻晝夜刻矇影刻

節氣	日出	日入	晝	夜	矇影	節氣
	時初正刻十分	時初正刻十分	十刻十分	十刻十分	十刻十分	
冬至	辰初二一四	申正一〇一	三四〇二	六一一三	〇七〇七	冬至
小寒	辰初二一三	申正一〇五	三四一一	六一〇四	〇七〇四	大雪
大寒	辰初一一二	申正二〇三	三六〇六	五九〇九	〇七〇三	小雪
立春	辰初初〇九	申正三〇六	三八一二	五七〇三	〇七〇一	立冬
雨水	卯正三〇二	酉初初一三	四一一〇	五四〇五	〇六一四	霜降
驚蟄	卯正一〇九	酉初二〇六	四四一二	五一〇三	〇六一三	寒露
春分	卯正初〇〇	酉正初〇〇	四八〇〇	四八〇〇	〇六一四	秋分

清明	卯初二〇六	酉正一〇九	五一〇三	四四一二	〇七〇三	白露
穀雨	卯初初一三	酉正三〇二	五四〇五	四一一〇	〇七一〇	處暑
立夏	寅正三〇六	戌初初〇九	五七〇三	三八一二	〇八〇五	立秋
小滿	寅正二〇三	戌初一一三	五九〇九	三六〇六	〇九〇六	大暑
芒種	寅正一〇五	戌初二〇六	六一〇四	三四一一	一〇〇五	小暑
夏至	寅正一〇一	戌初二二四	六一一三	三四〇二	一〇一二	夏至

伯都訥表四 二十四節氣日昏旦更點時刻

節氣	日躔	赤道	十宮	十度	十分	十秒
冬至日			○○	○○	○○	○○

昏旦更點	時	正初	刻	十分
初昏	酉	正	初	○八
起更	酉	正	一	○一
二更	戌	正	二	○一
三更	亥	正	三	○○
四更	丑	初	初	○○
五更	寅	初	初	一四

節氣	日躔	赤道	十宮	十度	十分	十秒
夏至日			○六	○○	○○	○○

昏旦更點	時	正初	刻	十分
初昏	亥	初	二	一四
起更	亥	正	一	一一
二更	亥	正	二	○五
三更	子	初	一	一二
四更	子	正	一	○三
五更	丑	初	初	一○

小寒日

○一一○
八七六○

攢點	卯初二一四
平旦	卯初三○七
初昏	酉正初○九
起更	酉正一○五
二更	戌正二○三
三更	亥正三○一
四更	子正三一四
五更	寅初初一二
攢點	卯初一一○
平旦	卯初三○六

小暑日

○一一○
八七六六

攢點	丑初二○四
平旦	丑正初○一
初昏	亥初二一○
起更	亥正一○○
二更	亥正二○三
三更	子初一一一
四更	子正一○四
五更	丑初初一二
攢點	丑初三○○
平旦	丑正初○五

大寒日								立春	
〇一 〇二	一一 二四							〇一 一七	二八 二五
初昏	起更	二更	三更	四更	五更	攢點	平旦	初昏	起更
酉正一〇六	酉正二〇三	戌正二一一	亥正三〇四	子正三一一	寅初初〇四	卯初初一二	卯初二〇九	酉正二〇七	酉正三〇六

大暑日								立秋	
〇七 〇二	一一 二四							〇七 一七	二八 二五
初昏	起更	二更	三更	四更	五更	攢點	平旦	初昏	起更
亥初一一二	亥初三〇三	亥正一一〇	子初一〇八	子正一〇七	丑初一〇五	丑正初一二	丑正一〇三	亥初初〇九	亥初初一四

日
二更戌正三〇七
三更亥正三〇七
四更子正三〇八
五更丑正三〇八
攢點寅正三〇九
平旦卯初一〇八
雨〇二〇二初昏酉正三一二
水〇五五〇起更戌初初一三
日二更亥初初〇五
三更亥正三一二

日
二更亥正初一四
三更子初一〇五
四更子正一一〇
五更丑初二〇一
攢點丑正二〇六
平旦丑正三〇一
處〇八〇二初昏戌正二二二
暑〇五五〇起更戌正三〇二
日二更亥正初〇一
三更子初一〇〇

				驚	蟄	日			
				一〇 六二	三一 四一				
四更子正三〇三	五更丑正二一〇	攢點寅正二〇二	平旦卯初初〇三	初昏戌初一〇四	起更戌初二〇六	二更亥初一〇四	三更子初初〇一	四更子正二一四	五更丑正一一一
				白	露	日			
				一〇 六八	三一 四一				
四更子正二〇〇	五更丑初二一四	攢點丑正三一三	平旦寅初一〇三	初昏戌正初一二	起更戌正一〇九	二更亥初三〇二	三更子初初一一	四更子正二〇四	五更丑初三一三

春分日			
○三	○○	○○	○○

攢點	平旦	初昏	起更	二更	三更	四更	五更	攢點	平旦
寅正初○九	寅正三一一	戌初二一四	戌正初○○	亥初二○三	子初初○六	子正二○九	丑正初一二	寅初三○○	寅正一○一

秋分日			
○九	○○	○○	○○

攢點	平旦	初昏	起更	二更	三更	四更	五更	攢點	平旦
寅初一○六	寅初三○三	戌初二一四	戌正初○○	亥初二○三	子初初○六	子正二○九	丑正初一二	寅初三○○	寅正一○一

清明日	○三一三	初昏	戌正初一二
	四八二六	起更	戌正一○九
		二更	亥初三○二
		三更	子初初一一
		四更	子正二○四
		五更	丑初三一三
		攢點	寅初一○六
		平旦	寅初三○三
穀雨	○三二七	初昏	戌正二一二
	五四一○	起更	戌正三○二

寒露日	○九一三	初昏	戌初一○四
	四八二六	起更	戌初二○六
		二更	亥初一○四
		三更	子初初○一
		四更	子正二一四
		五更	丑正一一一
		攢點	寅正初○九
		平旦	寅正三一一
霜降	○九二七	初昏	酉正三一二
	五四一○	起更	戌初初一三

日
二更亥正初○一
三更子初一○○
四更子正二○○
五更丑初二一四
攢點丑正三一三
平旦寅初一○三

立夏日 ○四一二 三一三五
初昏亥初初○九
起更亥初初一四
二更亥正初一四
三更子初一○五

日
二更亥初初○五
三更亥正三一二
四更子正三○二
五更丑正二一○
攢點寅正二○二
平旦卯初初○三

立冬日 一○一二 三一三五
初昏酉正二○七
起更酉正三○六
二更戌正三○七
三更亥正三○七

小滿日

〇四　二七　四八　三六

四更	五更	攢點	平旦	初昏	起更	二更	三更	四更	五更
子正一一〇	丑初二〇一	丑正二〇六	丑正三〇一	亥初一一二	亥初三〇三	亥正一一〇	子初一〇八	子正一〇七	丑初一〇五

小雪日

一〇　二七　四八　三六

四更	五更	攢點	平旦	初昏	起更	二更	三更	四更	五更
子正三〇八	丑正三〇八	寅正三〇九	卯初一〇八	酉正一〇六	酉正二〇三	戌正二一一	亥正三〇四	子正三一一	寅初初〇四

芒種日	〇五一三	四二五二
攢點	丑正初一二	
平旦	丑正一〇三	
初昏	亥初二一〇	
起更	亥正一〇〇	
二更	亥正二〇三	
三更	子初一一一	
四更	子正一〇四	
五更	丑初初一二	
攢點	丑初三〇〇	
平旦	丑正初〇五	

大雪日	一一一三	四二五二
攢點	卯初初一二	
平旦	卯初二〇九	
初昏	酉正初〇九	
起更	酉正一〇五	
二更	戌正二〇三	
三更	亥正三〇一	
四更	子正三一四	
五更	寅初初一二	
攢點	卯初一一〇	
平旦	卯初三〇六	

璿春表一 二十四節氣日午正太陽高度及立表卧表景長 ○表高五尺

節氣		冬至日	小寒日	大寒日
日躔	宮 / 十 / 度	丑 / ○ / 初	丑 / 一 / 五	子 / ○ / 初
實高	十度 / 十分 / 十秒	二三 / 三一 / ○○	二四 / 二一 / 四四	二六 / 四八 / 四四
半徑差角	秒	八	八	八
視高	十度 / 十分 / 十秒	二三 / 三○ / 五二	二四 / 二一 / 三六	二六 / 四八 / 三六
視半徑	十分 / 十秒	一六 / 二二	一六 / 二三	一六 / 二二
上邊視高	十度 / 十分 / 十秒	二三 / 四七 / 一四	二四 / 三七 / 五九	二七 / ○四 / 五八
立表平景	丈尺 / 寸分 / 釐毫	一一 / 三四 / 三四	一○ / 九○ / 四三	○九 / 七七 / 八一
下邊視高	十度 / 十分 / 十秒	二三 / 一四 / 三○	二四 / ○五 / 一三	二六 / 三二 / 一四
卧表倒景	丈尺 / 寸分 / 釐毫	○二 / 一四 / 七三	○四 / 二三 / 五二	○二 / 四九 / 七○
日躔	宮 / 十 / 度	丑 / ○ / 初	寅 / 一 / 五	寅 / ○ / 初
節氣		冬至日	大雪日	小雪日

吉林通志卷十四 十三

立春日		雨水日		驚蟄日		春分日		清明日	
子	一 五	亥	○ 初	亥	一 五	戌	○ 初	戌	一 五
三○	三八 ○三	三五	三一 二七	四一	○四 四九	四七	○○ ○○	五二	五五 一一
	七		七		六		六		五
三○	三七 五六	三五	三一 二○	四一	○四 四三	四六	五九 五四	五二	五五 ○六
	一六 二○		一六 一七		一六 一三		一六 ○九		一六 ○五
三○	五四 一六	三五	四七 三七	四一	二○ 五六	四七	一六 ○三	五三	一一 一一
○八	三五 二九	○六	九三 四五	○五	六八 一六	○四	六一 九一	○三	七四 二三
三○	二一 三六	三五	一五 ○三	四○	四八 三○	四六	四三 四五	五二	三九 ○一
○二	九二 八七	○三	五三 三八	○四	三一 七六	○五	三一 一三	○六	五五 一六
卯	一 五	卯	○ 初	辰	一 五	辰	○ 初	巳	一 五
立冬日		霜降日		寒露日		秋分日		白露日	

穀雨日		立夏日		小滿日		芒種日		夏至日	
酉	初○	酉	五一	申	初○	申	五一	未	初○
五八	三二 三九	六三	五二 七一	六七	一一 六一	六九	一三 六八	七○	○二 ○九
	四		四		三		三		三
五八	二二 九九	六三	五二 三一	六七	一一 三一	六九	一三 三八	七○	五二 七八
	○一 一六		五一 七五		五一 四五		五一 一五		五一 ○五
五八	三四 ○五	六三	五三 ○七	六七	○二 七七	六九	○五 四四	七○	四四 七四
○三	三○ 一三	○二	八四 七七	○二	六○ ○七	○一	九八 六二	○一	六七 四四
五八	二一 八三	六三	五○ 六五	六六	一五 九五	六九	二二 二二	七○	○一 七三
○八	一○ 七七	○九	五八 一五	一一	四七 八三	一三	三二 一八	一三	二九 二○
巳	初○	午	五一	午	初○	未	五一	未	初○
處暑日		立秋日		大暑日		小暑日		夏至日	

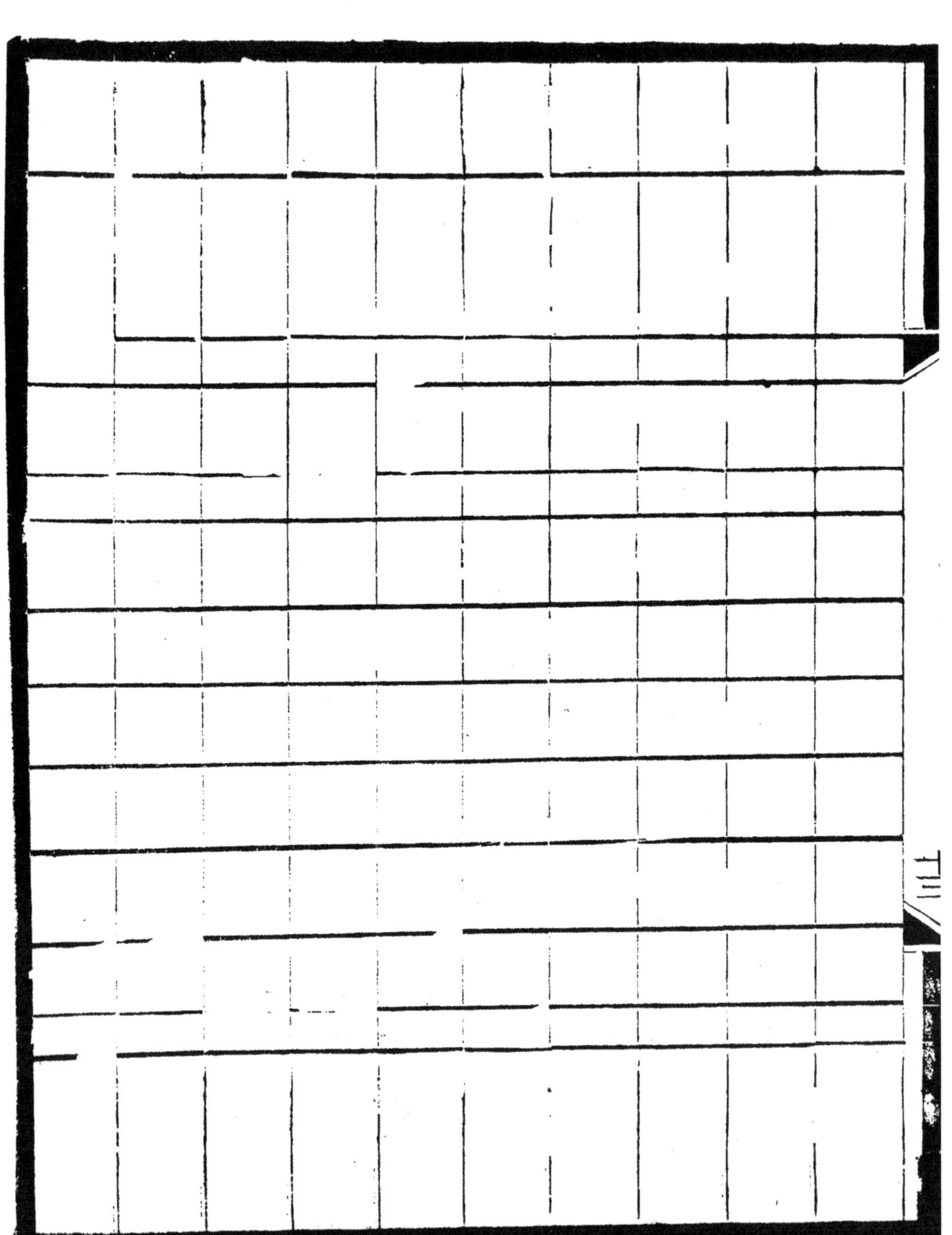

琿春表二十二月中氣日逐時太陽上邊視高度太陽平景方位偏度及景長○此篇專爲造日晷而設故立五分高之表以取景其景長僅當前表百分之一

中氣		十一	月冬	至日	十二	月大	寒日
時正		辰正 申正	巳正 未正	午正	辰正 申正	巳正 未正	午正
太陽上邊視高	十度 十分 十秒	○三 五五 ○六	一八 一六 四二	二三 四七 一四	○六 二七 四四	二一 一八 五六	二七 ○四 五八
太陽方位		正東西偏南	正南偏東西	正南	正東西偏南	正南偏東西	正南
太陽平景偏度	十度 十分 十秒	三七 一五 三一	二八 四九 四二		三五 ○九 二○	三○ 一一 一三	
平景方位		正西東偏北	正北偏西東	正北	正西東偏北	正北偏西東	正北
立表平景	寸分釐毫	七三○○	一九○五	一一三四	四四一五	一二八一	○九七八
中氣		十一	月冬	至日	十月	小雪	日

正月	辰申正	一三○二五九	正東西偏南	二九五五四○	正西東偏北	二一五七	九月
雨水	巳未正	二九一六○七	正南偏東西	三四○四一三	正北偏西東	○八九二	霜降
日	午正	三五四七三七	正南		正北	○六九三	日
二月	辰申正	二一四三○一	正東西偏南	二二二九三二	正西東偏北	二二五五	八月
春分	巳未正	三九三四○一	正南偏東西	四○一五○○	正北偏西東	○六○五	秋分
日	午正	四七一六○三	正南		正北	○四六二	日
三月	卯酉正	○八○四二五	正東西偏北	○八二七一九	正西東偏南	三五二五	七月
穀雨	辰申正	二九五二五五	正東西偏南	一二四一二四	正西東偏北	○八七○	處暑
日	巳未正	四九二五二一	正東西偏南	四一二八三八	正西東偏北	○四二八	日
	午正	五八四五三○	正南		正北	○三○三	

四月	卯正 酉正	一三 五二 三七	正東 正西 偏北	一五 ○三 ○四	正西 正東 偏南	二○二四	六月
小滿	辰正 申正	三五 三六 五一	正東 正西 偏南	○四 四五 三一	正西 正東 偏北	○六九八	大暑
日	巳正 未正	五六 二○ 三九	正東 正西 偏南	三二 四五 三一	正西 正東 偏北	○三三三	日
	午正	六七 二七 ○七	正南		正北	○二○八	
五月	卯正 酉正	一六 ○一 五七	正東 正西 偏北	一七 三七 三九	正西 正東 偏南	一七四○	五月
夏至	辰正 申正	三七 三八 五一	正東 正西 偏南	○一 三二 一六	正西 正東 偏北	○六四八	夏至
日	巳正 未正	五八 四二 四三	正東 正西 偏南	二八 三三 三七	正西 正東 偏北	○三○四	日
	午正	七○ 四四 四七	正南			○一七四	

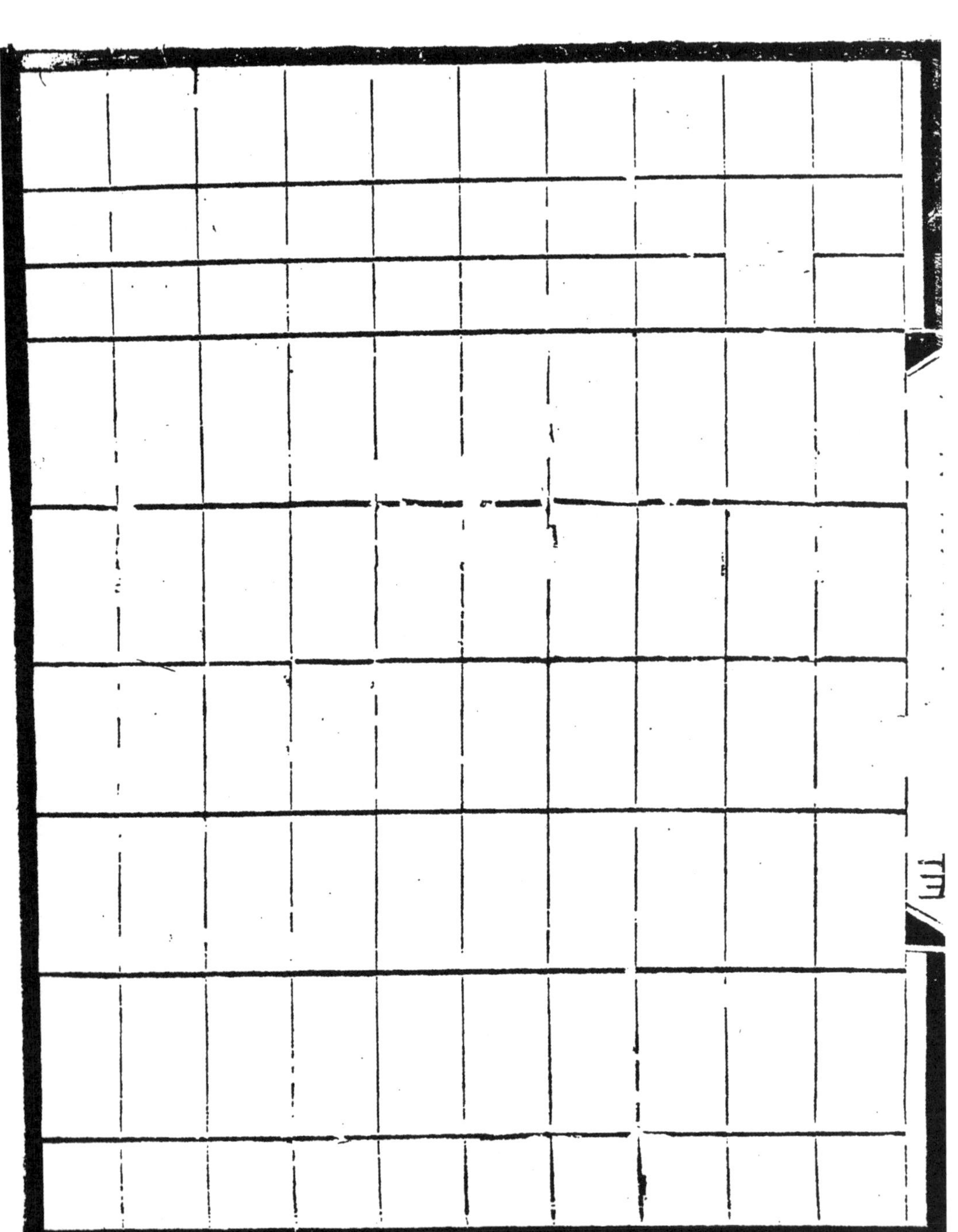

琿春表三 二十四節氣日日出日入時刻晝夜刻曚影刻

節氣	日出	日入	晝	夜	曚影	節氣
	時初正刻十分	時初正刻十分	十刻十分	十刻十分	刻十分	
冬至	辰初二〇六	申正一〇九	三五〇四	六〇一一	七〇三	冬至
小寒	辰初二〇二	申正一一三	三五一二	六〇〇三	七〇二	大雪
大寒	辰初一〇五	申正二一〇	三七〇五	五八一〇	七〇〇	小雪
立春	辰初初〇三	申正三三	三九一〇	五六〇五	六一三	立冬
雨水	卯正三一四	酉初一〇一	一四二〇	四五三一	六〇八	霜降
驚蟄	卯正一〇七	酉初二〇八	四五〇一	五〇一四	六〇八	寒露
春分	卯正初〇〇	酉正初〇〇	四八〇〇	四八〇〇	六一〇	秋分

清明	卯初二〇八	酉正一〇七	五〇一四	四五〇一	六一四	白露
穀雨	卯初一〇一	酉正二一四	五三一二	四二〇三	七〇五	處暑
立夏	寅正三一二	戌初初〇三	五六〇五	三九一〇	八〇〇	立秋
小滿	寅正二一〇	戌初一〇五	五八一〇	三七〇五	八一〇	大暑
芒種	寅正一一三	戌初二〇三	六〇〇三	三五一二	九〇五	小暑
夏至	寅正一〇九	戌初二〇六	六〇一一	三五〇四	九〇九	夏至

琿春表四 二十四節氣日昏旦更點時刻

節氣	日躔赤道	昏旦更點	時初正刻十分
冬至日	十宮 十度 十分 十秒 ○○ ○○ ○○ ○○	初昏	酉正初一二
		起更	酉正一○九
		二更	戌正二○八
		三更	亥正三○八
		四更	丑初初○七
		五更	寅初一○七
夏至日	十宮 十度 十分 十秒 ○六 ○○ ○○ ○○	初昏	酉正初○○
		起更	亥初二○六
		二更	亥正二○一
		三更	子初一一○
		四更	子正一○五
		五更	丑初初一四

小寒日	一〇 六〇	〇一 八七

攢點	平旦	初昏	起更	二更	三更	四更	五更	攢點	平旦
卯初一〇六	卯初三〇三	酉正一〇〇	酉正一一三	戌正二一一	亥正三〇九	丑初初〇六	寅初一〇四	卯初一〇二	卯初三〇〇

小暑日	一〇 六六	〇一 八七

攢點	平旦	初昏	起更	二更	三更	四更	五更	攢點	平旦
丑正初〇〇	丑正初〇九	亥初二〇二	亥初三〇七	亥正一一三	子初一〇九	子正一〇六	丑初一〇二	丑正初〇八	丑正初一三

大	○一○二	初昏	酉正一一○
寒	一一二四	起更	酉正二一○
日		二更	戌正三○○
		三更	亥正三○五
		四更	子正三一○
		五更	寅初初○○
		攢點	卯初初○五
		平旦	卯初二○五
立	○一一七	初昏	酉正二一○
春	二八二五	起更	酉正三一二
大	○七○二	初昏	亥初一○五
暑	一一二四	起更	亥初二○○
日		二更	亥正一○六
		三更	子初一○七
		四更	子正一○八
		五更	丑初一○九
		攢點	丑正一一○
		平旦	丑正二○○
立	○七一七	初昏	亥初初○三
秋	二八二五	起更	亥初初○三

日						雨	水	日	
						〇二〇二	〇五五〇		
二更	三更	四更	五更	攢點	平旦	初昏	起更	二更	三更
戌正三一〇	亥正三〇八	子正三〇七	丑正三〇五	寅正三〇三	卯初一〇五	酉正三〇九	戌初一〇一	亥初初〇七	亥正三一二
日						處	暑	日	
						〇八〇二	〇五五〇		
二更	三更	四更	五更	攢點	平旦	初昏	起更	二更	三更
亥正初一一	子初一〇四	子正二一一	丑初二〇四	丑正二一二	丑正三一二	戌正二〇四	戌正二一四	亥初三一四	子初一〇〇

驚蟄日

三一一○
四一六二

四更	子正一○三
五更	丑正初○八
攢點	寅正一一四
平旦	卯初初○六
初昏	戌初一○一
起更	戌初二○八
二更	亥初一○五
三更	子初初○二
四更	子正二一三
五更	丑正一一○

白露日

三一一○
四一六八

四更	子正二○○
五更	丑初三○一
攢點	寅初初○一
平旦	寅初一一一
初昏	戌正初○六
起更	戌正一○七
二更	亥初三○一
三更	子初初一○
四更	子正二○五
五更	丑初三一四

春分日

○○○○
○○○三

攢點	寅	正	初	○	七
平旦	寅	正	三	一	四
初昏	戌	初	二	一	○
起更	戌	正	初	○	○
二更	亥	初	二	○	三
三更	亥	正	初	○	六
四更	子	初	二	○	九
五更	丑	初	初	一	三
攢點	寅	初	三	○	○
平旦	寅	正	一	○	五

秋分日

○○○○
○○○九

攢點	寅	初	一	○	八
平旦	寅	初	三	○	九
初昏	戌	初	二	一	○
起更	戌	正	初	○	○
二更	亥	初	二	○	三
三更	亥	正	初	○	六
四更	子	初	二	○	九
五更	丑	初	初	一	二
攢點	寅	初	三	○	○
平旦	寅	正	一	○	五

清	明	日						穀	雨
一〇 三三	二四 六八							二〇 七三	一五 〇四
初昏	起更	二更	三更	四更	五更	攢點	平旦	初昏	起更
戌正初〇六	戌正一〇七	亥初三〇一	子初初一〇	子正二〇五	丑初三一四	寅初一〇八	寅初三〇九	戌正二〇四	戌正二一四
寒	露	日						霜	降
一〇 三九	二四 六八							二〇 七九	一五 〇四
初昏	起更	二更	三更	四更	五更	攢點	平旦	初昏	起更
戌初一〇一	戌初二〇八	亥初一〇五	子初初〇二	子正二一三	丑正一一〇	寅正初〇七	寅正二一四	酉正三〇九	戌初一〇初

日	二更	亥初三一四
	三更	子初一〇〇
	四更	子正二〇〇
	五更	丑初三〇一
	攢點	寅初初〇一
	平旦	寅初一一一
立（〇四 一二）	初昏	亥初初〇三
夏（三一 三五）	起更	亥初初〇三
日	二更	亥正初一一
	三更	子初一〇四
日	二更	亥初初〇七
	三更	亥正三一二
	四更	子正一〇三
	五更	丑正初〇八
	攢點	寅正一一四
	平旦	卯初初〇六
立（一〇 一二）	初昏	酉正二一〇
冬（三一 三五）	起更	酉正三一二
日	二更	戌正三一〇
	三更	亥正三〇八

小滿日	〇四	二七	四八	三六					
四更	五更	攢點	平旦	初昏	起更	二更	三更	四更	五更
子正一一一	丑初二〇四	丑正二一二	丑正三一二	亥初一〇五	亥初二〇〇	亥正一〇六	子初一〇七	子正一〇八	丑初一〇九

小雪日	一〇	二七	四八	三六					
四更	五更	攢點	平旦	初昏	起更	二更	三更	四更	五更
子正三〇七	丑正三〇五	寅正三〇三	卯初一〇五	酉正一一〇	酉正二一〇	戌正三〇〇	亥正三〇五	子正三一〇	寅初初〇〇

芒種日									
〇五 一三 四二 五二									
攢點	平旦	初昏	起更	二更	三更	四更	五更	攢點	平旦
丑正二一〇	丑正二〇〇	亥初二〇二	亥初三〇七	亥正一一三	子初一〇九	子正一〇六	丑初一〇二	丑正初〇八	丑正初一三
大雪日									
一一 一三 四二 五二									
攢點	平旦	初昏	起更	二更	三更	四更	五更	攢點	平旦
卯初初〇五	卯初二〇五	酉正一〇〇	酉正一一三	戌正二一一	亥正三〇九	丑初初〇六	寅初一〇四	卯初一〇二	卯初三〇〇

阿勒楚喀表一 二十四節氣日午正太陽高度及立表卧表景長○表高五尺

節氣	冬至日	小寒日	大寒日
日躔 宮 十度 度	丑 ○ 初	丑 一 五	子 ○ 初
實高 十度 十分 十杪	二○ 四○ ○○	二一 三○ 四四	二三 五七 四四
地半徑差角 杪	八	八	八
視高 十度 十分 十杪	二○ 三九 五二	二一 三○ 三六	二三 五七 三六
視半徑 十分 十杪	一六 二二	一六 二三	一六 二二
上邊視高 十度 十分 十杪	二○ 五六 一四	二一 四六 五九	二四 一三 五八
立表平景 丈尺 寸分 釐毫	一三 ○六 八二	一二 五一 一六	一一 一○ 八五
下邊視高 十度 十分 十杪	二○ 二三 三○	二一 一四 一三	二三 四一 一四
卧表倒景 丈尺 寸分 釐毫	○一 八五 八七	○一 九四 三一	○二 一九 三五
日躔 宮 十度 度	丑 ○ 初	寅 一 五	寅 ○ 初
節氣	冬至日	大雪日	小雪日

立春日		雨水日		驚蟄日		春分日		清明日	
子	五一	亥	初○	亥	五一	戌	初○	戌	五一
二 七	○四 三七	三 二	二三 七九	三 八	四一 九三	四 四	○○ ○九	五 ○	一○ 一四
	七		七		六		六		五
二 七	五四 六六	三 二	二三 ○九	三 八	四一 三三	四 四	五○ 四八	五 ○	○○ 六四
	二一 ○六		一一 七六		二一 三六		○一 九六		○一 五六
二 八	一○ 六三	三 二	三五 七五	三 八	五二 六九	四 四	○二 三五	五 ○	一二 一○
○ 九	二三 一八	○ 七	○七 九二	○ 六	六二 一八	○ 五	二一 七○	○ 四	五一 七四
二 七	三三 六○	三 二	○二 三三	三 七	三五 ○七	四 三	四五 五二	四 九	○四 一八
○ 二	三六 九○	○ 三	一一 三七	○ 三	○九 六○	○ 四	八八 一○	○ 五	六九 八一
卯	五一	卯	初○	辰	五一	辰	初○	巳	五一
立冬日		霜降日		寒露日		秋分日		白露日	

穀雨日		立夏日		小滿日		芒種日		夏至日	
酉	初○	酉	五一	申	初○	申	五一	未	初○
五 五	三三 三八	六 ○	五三 七○	六 四	一二 六○	六 六	一四 六七	六 七	○三 ○八
	四		四		三		三		三
五 五	二三 九八	六 ○	五三 三○	六 四	一二 三○	六 六	一四 三七	六 七	五三 七七
	○一 二六		五一 七五		五一 四五		五一 一五		五一 ○五
五 五	三五 ○四	六 ○	五四 ○六	六 四	○三 七六	六 七	○○ 四三	六 七	四五 七三
○ 三	四三 二八	○ 二	六七 六九	○ 二	四三 ○七	○ 二	七一 一一	○ 二	一○ 一三
五 五	二二 八二	六 ○	五一 六四	六 二	一○ 九四	六 六	二三 二一	六 七	○二 七二
○ 七	一二 ○四	○ 八	七七 八四	一 ○	四二 三八	一 一	一五 七一	一 一	三九 二九
巳	初○	午	五一	午	初○	未	五一	未	初○
處暑日		立秋日		大暑日		小暑日		夏至日	

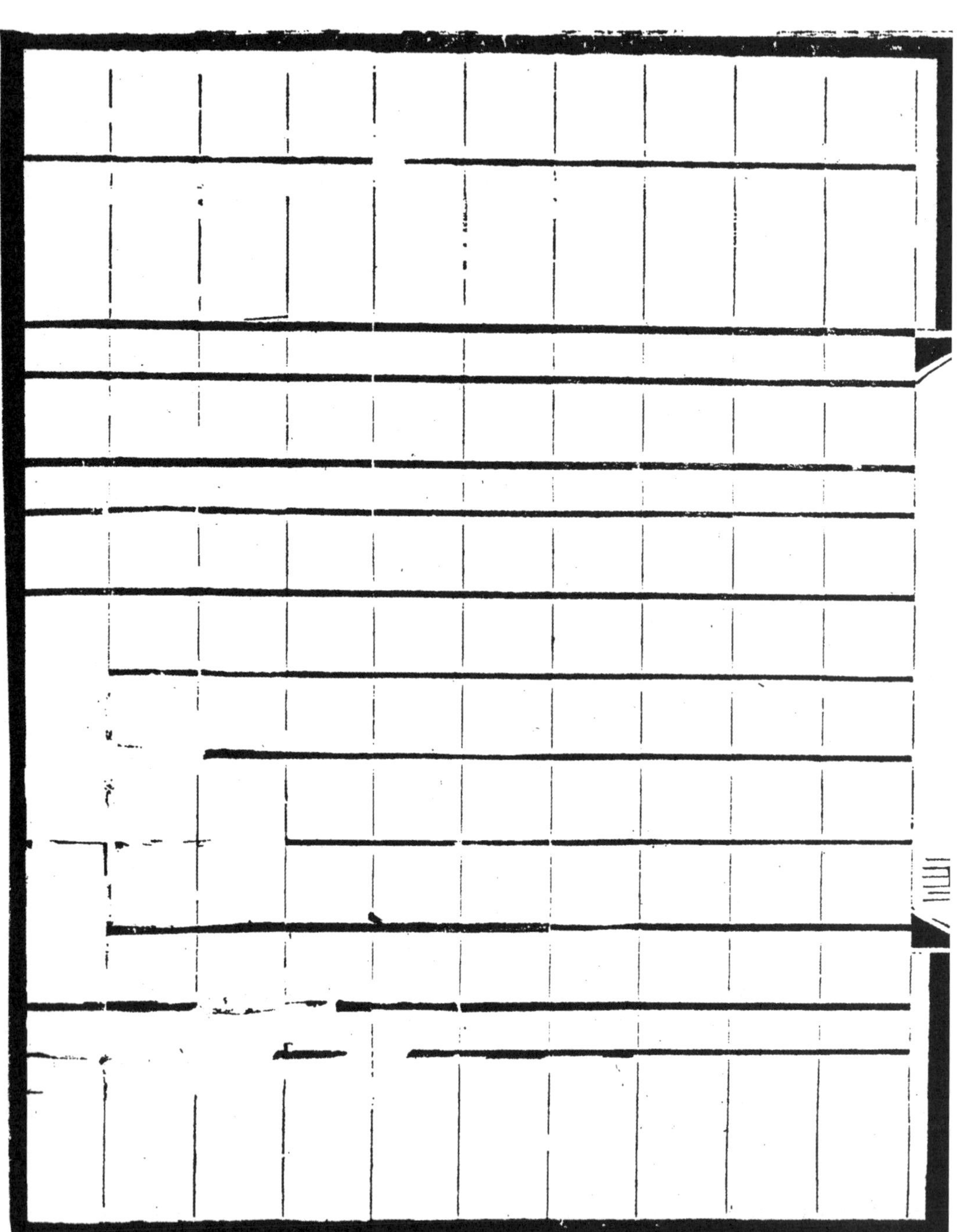

阿勒楚喀表二十二月中氣日逐時太陽上邊視高度太陽平景方位偏度及景長○此篇專爲造日晷而設故立五分高之表以取景其景長僅當前表百分之一

中氣	時	太陽上邊視高 十度	十分	十秒	太陽方位	太陽平景偏度 十度	十分	十秒	平景方位	立表平景 尺寸分釐毫	中氣
十一	辰申正	○二	一一	二六	正東西偏南	三七	二二	○九	正西東偏北	一三○七二	十一
月冬	巳未正	一五	四六	三六	正南偏東西	二八	二五	○七	正北偏西東	○一七七○	月冬
至日	午正	二○	五六	一四	正南				正北	○一三○七	至日
十二	辰申正	○四	四九	○○	正東西偏南	三五	二三	二八	正西東偏北	○五九三四	十月
月大	巳未正	一八	五○	四四	正南偏東西	二九	四○	二九	正北偏西東	○一五六五	小雪
寒日	午正	二四	一三	五八	正南				正北	○一一一一	日

吉林通志卷十四　　三

正月	辰正 申正	一一 四二 二〇	正東西偏南	二〇 〇一 〇八	正西東偏北	〇二四一三	九月
雨水	巳正 未正	二六 五三 四四	正南偏東西	三三 一四 一三	正北偏西東	〇〇九八六	霜降
日	午正	三二 五五 三七	正南		正北	〇〇七七二	日
二月	辰正 申正	二〇 三八 五七	正東西偏南	二二 三〇 〇八	正西東偏北	〇一三二七	八月
春分	巳正 未正	三七 二二 〇七	正南偏東西	三八 四九 一八	正北偏西東	〇〇六五五	秋分
日	午正	四四 二五 〇三	正南		正北	〇〇五一〇	日
三月	卯正 酉正	〇八 二九 〇三	正東西偏北	〇八 〇三 三七	正西東偏南	〇二三五二	七月
穀雨	辰正 申正	二九 一三 四三	正東西偏南	一四 〇四 三三	正西東偏北	〇〇八九四	處暑
日	巳正 未正	四七 二九 四三	正南偏東西	四三 三九 〇三	正北偏西東	〇〇四五八	日
	午正	五五 五四 三〇	正南		正北	〇〇二三八	

節氣	時刻	數	方位	數	方位	數	節氣
四月	卯正 酉正	一四 三六 〇一	正東偏北 正西偏北	一四 二一 五四	正西偏南 正東偏南	〇二九二〇	六月
小滿	辰正 申正	三五 一九 四一	正東偏南 正西偏南	〇六 四五 三五	正西偏北 正東偏北	〇〇七〇五	大暑
日	巳正 未正	五四 四二 五一	正東偏南 正西偏南	三六 〇九 〇二	正西偏北 正東偏北	〇〇三五四	日
	午正	六四 三六 〇九	正南		正北	〇〇二三七	
五月	卯正 酉正	一六 五二 三七	正東偏北 正西偏北	一六 五〇 一三	正西偏南 正東偏南	〇二六四八	五月
夏至	辰正 申正	三七 三〇 五九	正東偏南 正西偏南	〇三 四二 三二	正西偏北 正東偏北	〇〇六五二	夏至
日	巳正 未正	五七 一八 五九	正東偏南 正西偏南	三二 三一 〇八	正西偏北 正東偏北	〇〇三三二	日
	午正	六七 五三 四七	正南		正北	〇〇二〇三	

吉林通志卷十四

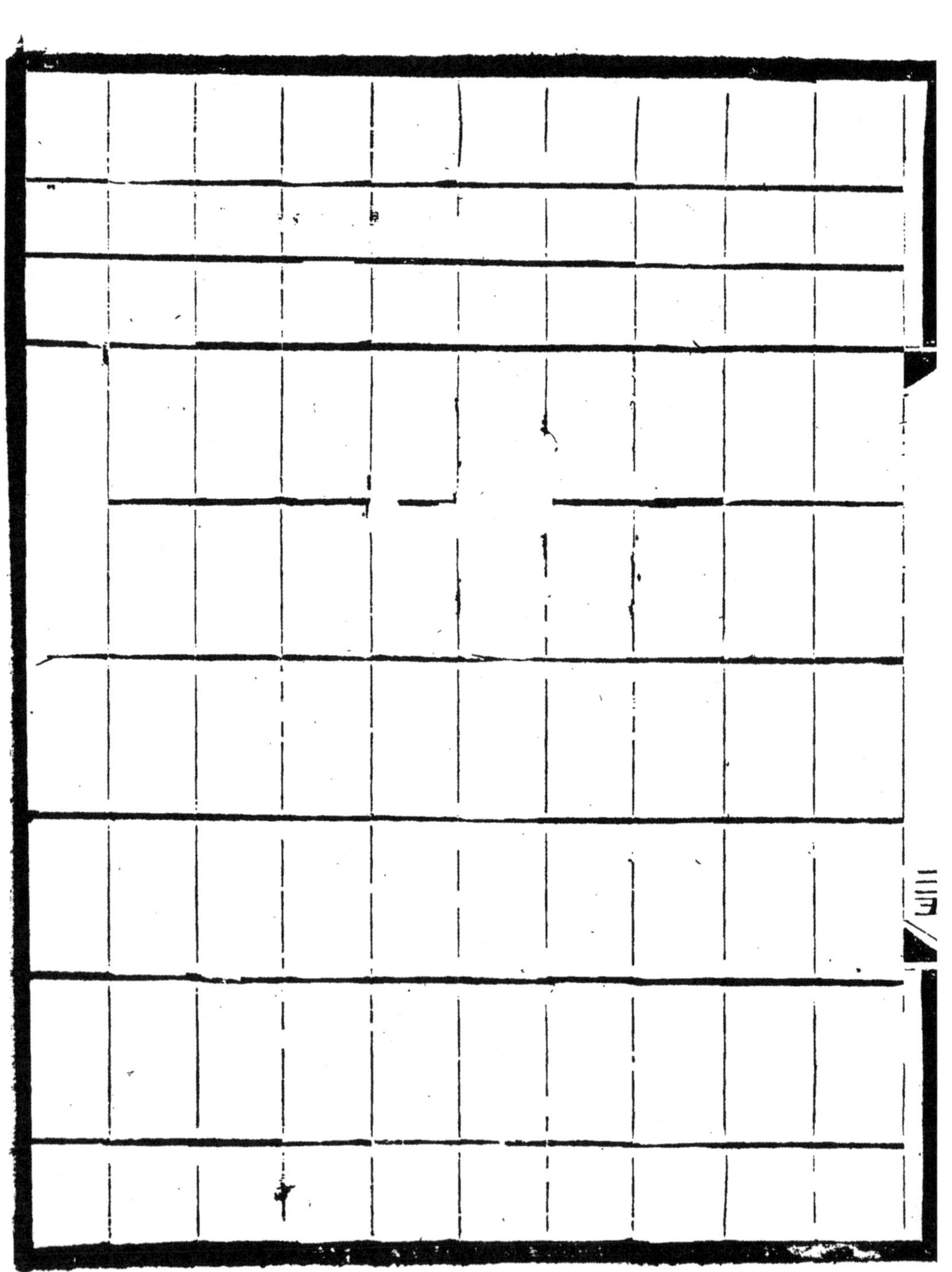

阿勒楚喀表三二十四節氣日出日入時刻晝夜刻曚影刻

節氣	日出	日入	晝	夜	曚影	節氣
	時初正刻十分	時初正刻十分	十刻十分	十刻十分	十刻十分	
冬至	辰初三〇二	申正初一四	三三一二	六二〇三	〇七一〇	冬至
小寒	辰初二一三	申正一〇三	三四〇六	六一〇九	〇七〇八	大雪
大寒	辰初一一四	申正二〇二	三六〇二	五九一三	〇七〇六	小雪
立春	辰初初一〇	申正三〇五	三八〇九	五七〇六	〇七〇二	立冬
雨水	卯正三〇三	酉初初一二	四一〇八	五四〇七	〇七〇〇	霜降
驚蟄	卯正一一〇	酉初二〇五	四四一一	五一〇四	〇六一四	寒露
春分	卯正初〇〇	酉正初〇〇	四八〇〇	四八〇〇	〇六〇〇	秋分

清明	卯初二〇五	酉正二一〇	五一〇四	四四一一	〇七〇五	白露
穀雨	卯初初一二	酉正三〇三	五四〇七	四一〇八	〇七一三	處暑
立夏	寅正三〇五	戌初初一〇	五七〇六	三八〇九	〇八〇九	立秋
小滿	寅正三〇二	戌初一一四	五九一三	三六〇二	〇九〇九	大暑
芒種	寅正一〇三	戌初二一〇	六一〇九	三四〇六	一〇一〇	小暑
夏至	寅正初一四	戌初三〇二	六二〇三	三三一二	一一〇三	夏至

阿勒楚喀表四 二十四節氣日昏旦更點時刻

節氣	日躔赤道	昏旦更點	時（初正）	刻	十分
冬至日	日赤十十十○○○○ 躔道宮度分秒○○○○	初昏	酉正	初	○九
		起更	酉正	初	一四
		二更	戌正	一	一四
		三更	亥正	三	○○
		四更	丑初	初	○○
		五更	寅初	一	○一
夏至日	日赤十十十○○○○ 躔道宮度分秒六○○○	初昏	亥初	三	○一
		起更	亥正	二	○四
		二更	亥正	二	○七
		三更	子初	一	一二
		四更	子正	一	○三
		五更	丑初	初	○八

小寒日

○一一○
○六七八

攢點	卯初二○一
平旦	卯初三○六
初昏	酉正初一一
起更	酉正一○三
二更	戌正二○三
三更	亥正三○一
四更	子正三一四
五更	寅初初一三
攢點	卯初一一二
平旦	卯初三○四

小暑日

○一一○
六六七八

攢點	丑初一一一
平旦	丑初三一四
初昏	亥初二一二
起更	亥正一○七
二更	亥正二○四
三更	子初一一一
四更	子正一○四
五更	丑初初一一
攢點	丑初二○三
平旦	丑正初○三

大	寒	日						立	春
○一 ○二	一一 二四							○一 一七	二八 二五
初昏	起更	二更	三更	四更	五更	攢點	平旦	初昏	起更
酉正一○七	酉正二○一	戌正二一○	亥正三○三	子正三一二	寅初初○五	卯初初一四	卯初二○八	酉正二○七	酉正三○五

大	暑	日						立	秋
○七 ○二	一一 二四							○七 一七	二八 二五
初昏	起更	二更	三更	四更	五更	攢點	平旦	初昏	起更
亥初一一四	亥初三○八	亥正一一一	子初一○九	子正一○六	丑初一○四	丑正初○七	丑正一○一	亥初初一○	亥初一○四

吉林通志卷十四　　　　　　表

日						雨	水	日	
						五○○○ ○五二二			
二更戌正三○六	三更亥正三○七	四更子正三○八	五更丑正三○九	攢點寅正三一○	平旦卯初一○八	初昏酉正三一二	起更戌初初一二	二更亥初初○四	三更亥正三一二
日						處	暑	日	
						五○○○ ○五二八			
二更亥正一○○	三更子初一○五	四更子正一一○	五更丑初二○○	攢點丑正二○五	平旦丑正二一一	初昏戌正三○一	起更戌正三○三	二更亥正初○二	三更子初一○一

四更	五更	攢點	平旦	初昏	起更	二更	三更	四更	五更
驚蟄日									
○一一三 二六一四									
四更	五更	攢點	平旦	初昏	起更	二更	三更	四更	五更
子正三○四	丑正二一一	寅正二○三	卯初初○三	戌初一○四	戌初二○五	亥初一○三	子初初○一	子正二一四	丑正一一二
白露日									
○一一三 八六一四									
四更	五更	攢點	平旦	初昏	起更	二更	三更	四更	五更
子正一一四	丑初二一三	丑正三一二	寅初初一四	戌正一○○	戌正一一○	亥初三○三	子初初一一	子正二○四	丑初三一二

春分日 ○三○○○○○○

攢點	平旦	初昏	起更	二更	三更	四更	五更	攢點	平旦
寅正初一○	寅正二一一	戌初三○○	戌正初○○	亥初二○三	子初初○六	子正二○九	丑正初一二	寅初三○○	寅正一○○

秋分日 ○九○○○○○○

攢點	平旦	初昏	起更	二更	三更	四更	五更	攢點	平旦
寅初一○五	卯初三○○	戌初三○○	戌正初○○	亥初二○三	子初初○六	子正二○九	丑正初一二	寅初三○○	寅正一○○

清明日								穀雨	
〇三	一三	四八	二六					〇三	二七
								五四	一〇
初昏	起更	二更	三更	四更	五更	攢點	平旦	初昏	起更
戌正一〇〇	戌正一一〇	亥初三〇三	子初初一一	子正二〇四	丑初三一二	寅初一〇五	卯初三〇〇	戌正三〇一	戌正三〇三

寒露日								霜降	
〇九	一三	四八	二六					〇九	二七
								五四	一〇
初昏	起更	二更	三更	四更	五更	攢點	平旦	初昏	起更
戌初一〇四	戌初二〇五	亥初一〇三	子初初〇一	子正二一四	丑正一一二	寅正初一〇	寅正二一一	酉正三一二	戌初初一二

日		二更	亥正初〇二
		三更	子初一〇一
		四更	子正一一四
		五更	丑初二一三
		攢點	丑正三一二
		平旦	寅初初一四
立	〇四	初昏	亥初初一〇
夏	一二	起更	亥初一〇四
日	三一	二更	亥正一〇〇
	三五	三更	子初一〇五

日		二更	亥初初〇四
		三更	亥正三一二
		四更	子正三〇四
		五更	丑正二一一
		攢點	寅正二〇三
		平旦	卯初初〇三
立	一〇	初昏	酉正二〇七
冬	一二	起更	酉正三〇五
日	三一	二更	戌正三〇六
	三五	三更	亥正三〇七

小滿日

○四　二七　四八　三六

四更	子正一一○
五更	丑初二○○
攢點	丑正二○五
平旦	丑正二一一
初昏	亥初一一四
起更	亥初三○八
二更	亥正一一一
三更	子初一○九
四更	子正一○六
五更	丑初一○四

小雪日

一○　二七　四八　三六

四更	子正三○八
五更	丑正三○九
攢點	寅正三一○
平旦	卯初一○八
初昏	酉正一○七
起更	酉正二○一
二更	戌正二一○
三更	亥正三○三
四更	子正三一二
五更	寅初初○五

芒種日 〇五 一三 四二 五二

攢點	平旦	初昏	起更	二更	三更	四更	五更	攢點	平旦
丑正初〇九	丑正一〇一	亥初二一二	亥正一〇七	亥正三〇四	子初一一一	子正一〇四	丑初初一一	丑初二〇八	丑正初〇三

大雪日 一一 一三 四二 五二

攢點	平旦	初昏	起更	二更	三更	四更	五更	攢點	平旦
卯初初一四	卯初二〇八	酉正初一一	酉正一〇三	戌正二〇二	亥正三〇一	子正三一四	寅初初一三	卯初一一二	卯初三〇四

富克錦表一 二十四節氣日午正太陽高度及立表卧表景長○表高五尺

節氣	冬至日			小寒日			大寒日		
日躔（宮 十度 度）	丑	○	初	丑	一	五	子	○	初
實高（十度 十分 十秒）	一八	三九	○○	一九	二九	四四	二一	五六	四四
半徑差角（秒）		八			八			八	
視高（十度 十分 十秒）	一八	三八	五二	一九	二九	三六	二一	五六	三六
視半徑（十分 十秒）		一六	三三		一六	三三		一六	三三
上邊立表視高（十度 十分 十秒）	一八	五五	一四	一九	四五	五九	二二	一二	五八
平景（丈尺 寸分 釐毫）	一四	五八	六七	一三	九一	三六	一二	一四	二三
下邊卧表視高（十度 十分 十秒）	一八	二二	三○	一九	一三	一三	二一	四○	一四
倒景（丈尺 寸分 釐毫）	○二	六六	○九	○二	七四	三二	○二	九八	六八
日躔（宮 十度 度）	丑	○	初	寅	一	五	寅	○	初
節氣	冬至日			大雪日			小雪日		

吉林通志卷十四 三

立春日		雨水日		驚蟄日		春分日		清明日	
子	一 五	亥	〇 初	亥	一 五	戌	〇 初	戌	一 五
二五	四六 〇三	三〇	三八 二七	三六	一二 四九	四二	〇八 〇〇	四八	〇三 一一
	七		七		六		六		五
二五	四五 五六	三〇	三八 二〇	三六	一二 四三	四一	五七 五四	四八	〇三 〇六
	一六 二〇		一六 一七		一六 二三		一六 〇九		一六 〇五
二六	〇二 一六	三〇	五四 三七	三六	二八 五六	四二	一四 〇三	四八	一九 一一
一〇	二三 四四	〇八	三五 一〇	〇六	七六 一五	〇五	五〇 七六	〇四	四五 一八
二五	二九 三六	三〇	二二 〇三	三五	五六 三〇	四一	四一 四五	四七	四七 〇一
〇二	三八 四二	〇二	九二 九七	〇三	六二 四九	〇四	四五 四二	〇五	五一 一一
卯	一 五	卯	〇 初	辰	一 五	辰	〇 初	巳	一 五
立冬日		霜降日		寒露日		秋分日		白露日	

穀雨日		立夏日		小滿日		芒種日		夏至日	
酉	○ 初	酉	一 五	申	○ 初	申	一 五	未	○ 初
五三	三七 三三	五八	二九 五七	六二	一九 一六	六四	四六 一六	六五	三七 ○○
	四		四		三		三		三
五三	三七 二九	五八	二九 五三	六二	一九 一三	六四	四六 一三	六五	三六 五七
	一六 ○一		一五 五七		一五 五四		一五 五一		一五 五○
五三	五三 三○	五八	四五 五○	六二	三五 ○七	六五	○二 ○四	六五	五二 四七
○三	六四 七二	○三	○三 二四	○二	五九 九四	○二	三二 七九	○二	二三 八七
五三	一一 二八	五八	一三 五六	六二	○三 一九	六四	三○ 二二	六五	二一 ○七
○六	七二 二二	○八	○七 四三	○九	四二 五六	一○	四八 五六	一○	八九 六八
巳	○ 初	午	一 五	午	○ 初	未	一 五	未	○ 初
處暑日		立秋日		大暑日		小暑日		夏至日	

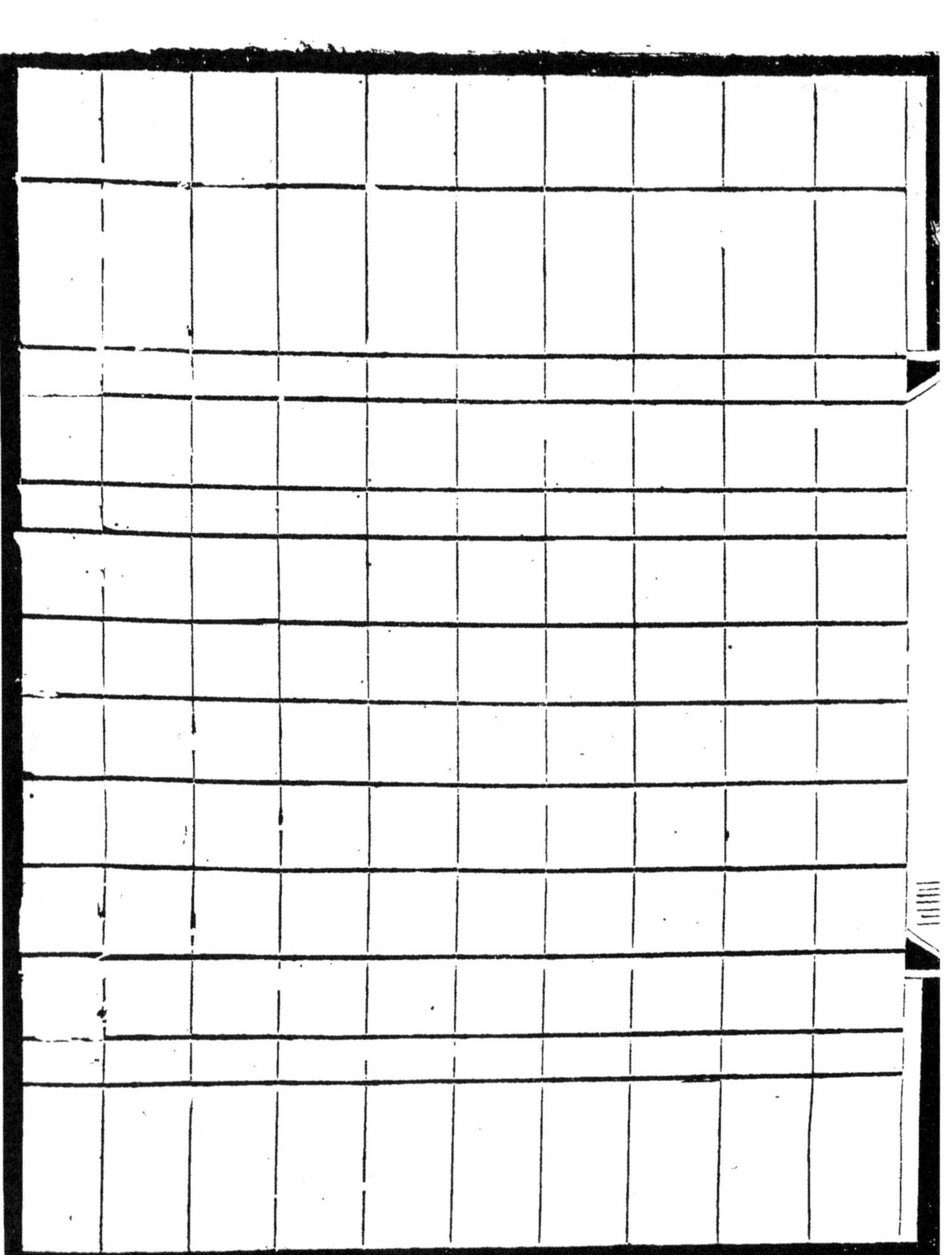

富克錦表二十二月中氣日逐時太陽上邊視高度太陽平景方位偏度及景長○此篇專爲造日晷而設故立五分高之表以取景其景長僅當前表百分之一

中氣	時	太陽上邊視高	太陽方位	太陽平景偏度	平景方位	立表平景	中氣
		十度 十分 十秒		十度 十分 十秒		尺寸分釐毫	
十一	辰正 申正	○○ 五七 五八	正東西偏南	三七 二四 一九	正西東偏北	二九六五○	十一
月冬	巳正 未正	一四 ○○ ○二	正南偏東西	二八 一一 ○○	正北偏西東	○二○○五	月冬
至日	午正	一八 五五 一四	正南		正北	○一四五九	至日
十二	辰正 申正	○三 三八 五○	正東西偏南	三五 二一 九八	正西東偏北	○七八四四	十月
月大	巳正 未正	一七 ○五 二六	正南偏東西	二九 二一 一七	正北偏西東	○一六二六	小雪
寒日	午正	二二 一二 五八	正南		正北	○一二二四	日

吉林通志卷十四 [illegible]

正月	辰正 申正	一〇四一四二	正東西偏南	三〇二一二〇	正西東偏北	〇二六四七	九月
雨水	巳正 未正	二五一二一二	正南偏東西	三三一四二二四	正北偏西東	〇一〇六二	霜降
日	午正	三〇五四三七	正南		正北	〇〇八三五	日
二月	辰正 申正	一九五一五九	正東西偏南	二三三一〇四二	正西東偏北	〇二三八四	八月
春分	巳正 未正	三五四七一三	正南偏東西	三七五四〇七	正北偏西東	〇〇六九四	秋分
日	午正	四二一四〇三	正南		正北	〇〇五五一	日
三月	卯正 酉正	〇八四五四五	正東西偏北	〇七四六〇〇	正西東偏南	〇三二四四	七月
穀雨	辰正 申正	二八四三一一	正東西偏南	一五〇八四一	正西東偏北	〇〇九一三	處暑
日	巳正 未正	四六〇四四七	正南偏東西	四四四〇〇三	正北偏西東	〇〇四八二	日
	午正	五三五三三〇	正南		正北	〇〇三六五	

月／節氣	時刻	度分秒	方位	度分秒	方位	時分秒	月／節氣
四月	卯正／酉正	一五 ○五 三三	正東西偏北	一三 五一 二二	正西東偏南	○一八五四	六月
小滿	辰正／申正	三五 ○三 五九	正東西偏南	○八 ○九 二二	正西東偏北	○○七二二	大暑
日	巳正／未正	五三 三○ 三五	正東西偏南	三八 二○ 五五	正西東偏北	○○三七○	日
	午正	六二 三五 ○七	正南		正北	○○二六○	
五月	卯正／酉正	一七 二七 ○三	正東西偏北	一六 一四 五九	正西東偏南	○一五九一	五月
夏至	辰正／申正	三七 一○ 五三	正東西偏南	○五 一六 二七	正西東偏北	○○六五五	夏至
日	巳正／未正	五六 一一 四一	正東西偏南	三五 ○三 ○三	正西東偏北	○○三三五	日
	午正	六五 五二 四七	正南		正北	○○二三四	

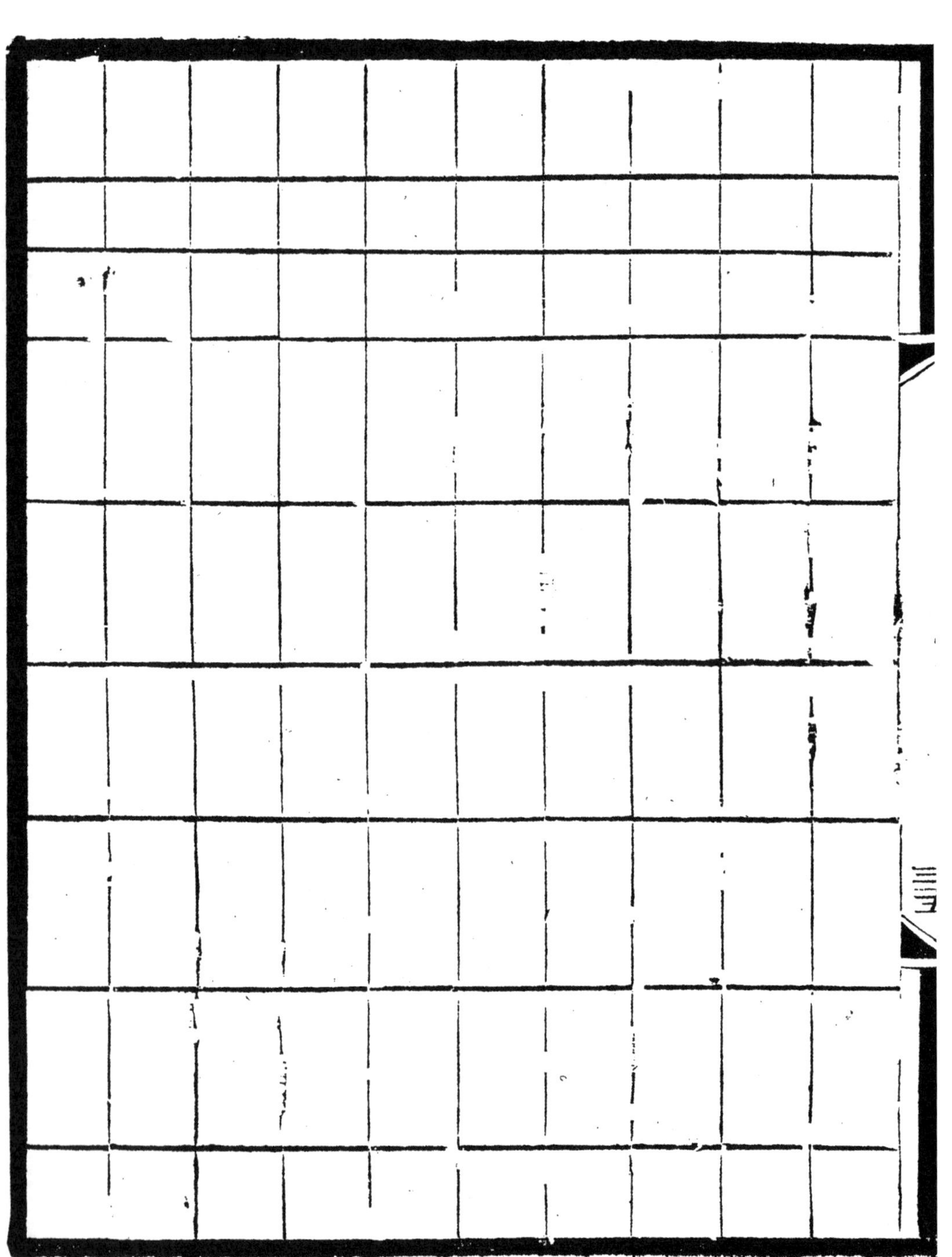

富克錦表三　二十四節氣日出日入時刻晝夜刻曚影刻

節氣	日出（時 初正 刻 十分）	日入（時 初正 刻 十分）	晝（十刻 十分）	夜（十刻 十分）	曚影（十刻 十分）	節氣
冬至	辰初三一〇	申正初〇五	三二一〇	六三〇五	〇八〇〇	冬至
小寒	辰初三〇五	申正初一〇	三三〇五	六二一〇	〇七一四	大雪
大寒	辰初二〇六	申正一〇九	三五〇三	六〇一二	〇七一〇	小雪
立春	辰初一〇一	申正二一四	三七一三	五八〇二	〇七〇七	立冬
雨水	卯正三〇七	酉初初〇八	四一〇一	五四一四	〇七〇四	霜降
驚蟄	卯正二一一	酉初二〇四	四四〇七	五一〇八	〇七〇三	寒露
春分	卯正初〇〇	酉正初〇〇	四八〇〇	四八〇〇	〇七〇五	秋分

清明卯初二〇四酉正一二五一〇八四四〇七〇七一〇白露

穀雨卯初初〇八酉正三〇七五四一四四一〇一〇八〇四處暑

立夏寅正三一四戌初一〇二五八〇二三七一三〇九〇四立秋

小滿寅正一〇九戌初二〇六六〇一二三五〇三一〇〇九大暑

芒種寅正初一〇戌初三〇五六二一〇三三〇五二二〇五小暑

夏至寅正初〇五戌初三一〇六三〇五二二一〇一三〇七夏至

富克錦表四 二十四節氣日昏旦更點時刻

節氣	冬至日					
日躔赤道	十宮 十度 十分 十杪	〇〇 〇〇	〇〇 〇〇			
昏旦更點	初昏	起更	二更	三更	四更	五更
時初正刻十分	酉初初〇五	酉正初〇五	戌正一〇九	亥正二一三	丑初初〇二	寅初一〇六

節氣	夏至日					
日躔赤道	十宮 十度 十分 十杪	〇六 〇〇	〇〇 〇〇			
昏旦更點	初昏	起更	二更	三更	四更	五更
時初正刻十分	亥初一〇二	亥初三一〇	亥正二一一	子初一一四	子正一〇一	丑初初〇四

		攢點	卯初二一〇
		平旦	卯初三一〇
小	一〇 六〇	初昏	酉正初〇九
寒	〇一 八七	起更	酉正初一〇
日		二更	戌正一一二
		三更	亥正二一四
		四更	丑初初〇一
		五更	寅初一〇三
		攢點	卯初二〇五
		平旦	卯初三〇六

		攢點	丑初三〇五
		平旦	丑正二一三
小	一〇 六六	初昏	亥初三〇五
暑	〇一 八七	起更	亥正二〇九
日		二更	亥正三一〇
		三更	子初一一三
		四更	子正一〇二
		五更	丑初初〇五
		攢點	丑初初〇六
		平旦	丑初三一〇

大	寒	日						立	春
○一○二	一一二四							○一一七	二八二五
初昏	起更	二更	三更	四更	五更	攢點	平旦	初昏	起更
酉正一○四	酉正一○九	戌正二○五	亥正三○二	子正三一三	寅初初一○	卯初一○六	卯初二一一	酉正二○六	酉正二一四
大	暑	日						立	秋
○七○二	一一二四							○七一七	二八二五
初昏	起更	二更	三更	四更	五更	攢點	平旦	初昏	起更
亥初二○六	亥正一○○	亥正二○一	子初一一○	子正一○五	丑初初一四	丑初三○○	丑正初○九	亥初一○一	亥初二○五

日						雨	水	日	
						〇二〇二	〇五五〇		
二更	三更	四更	五更	攢點	平旦	初昏	起更	二更	三更
戌正三〇二	亥正三〇六	子正三〇九	丑正三一三	卯初初〇一	卯初一〇九	酉正三一二	戌初初〇八	亥初初〇二	亥正三一一
日						處	暑	日	
						〇八〇二	〇五五〇		
二更	三更	四更	五更	攢點	平旦	初昏	起更	二更	三更
亥正一〇四	子初一〇六	子正一〇九	丑初一一一	丑正一一〇	丑正一一四	戌正三〇七	戌正三一一	亥正初〇四	子初一〇一

驚蟄日

○一一三
二六一四

四更	五更	攢點	平旦	初昏	起更	二更	三更	四更	五更
子正三○四	丑正二一三	寅正二○七	卯初初○三	戌初一○七	戌初二○四	亥初一○二	子初初○一	子正二一四	丑正一一三

白露日

○一一三
八六一四

四更	五更	攢點	平旦	初昏	起更	二更	三更	四更	五更
子正一一四	丑初二一一	丑正三○八	寅初初○四	戌正一○六	戌正一一一	亥初三○四	子初初一一	子正二○四	丑初三一一

春分日

○三 ○○ ○○ ○○

攢點	寅正初一一
平旦	寅正二〇八
初昏	戌初三〇五
起更	戌正初〇〇
二更	亥初二〇三
三更	子初初〇六
四更	子正二〇九
五更	丑正初一二
攢點	寅初三〇〇
平旦	寅正初一〇

秋分日

○九 ○○ ○○ ○○

攢點	寅初一〇四
平旦	寅初二〇九
初昏	戌初三〇五
起更	戌正初〇〇
二更	亥初二〇三
三更	子初初〇六
四更	子正二〇九
五更	丑正初一二
攢點	寅初三〇〇
平旦	寅正初一〇

節氣	時刻	更點	時
清	一〇 三三	初昏	戌正一〇六
明	二四 六八	起更	戌正一一一
日		二更	亥初三〇四
		三更	子初初一一
		四更	子正二〇四
		五更	丑初三一一
		攢點	寅初一〇四
		平旦	寅初二〇九
穀	二〇 七三	初昏	戌正三〇七
雨	一五 〇四	起更	戌正三一一
寒	一〇 三九	初昏	戌初一〇七
露	二四 六八	起更	戌初二〇四
日		二更	戌初一〇二
		三更	子初初〇一
		四更	子正二二四
		五更	丑正一一三
		攢點	寅正初一一
		平旦	寅正二〇八
霜	二〇 七九	初昏	酉正三二二
降	一五 〇四	起更	戌初初〇八

日

二更　亥正初○四

三更　子初一○一

四更　子正一一四

五更　丑初二一一

攢點　丑正三○八

平旦　寅初初○四

立夏日　○四　一二　三一　三五

初昏　亥初一○一

起更　亥初二○五

二更　亥正一○四

三更　子初一○六

日

二更　亥初初○二

三更　亥正三一一

四更　子正三○四

五更　丑正二一三

攢點　寅正二○七

平旦　卯初初○三

立冬日　一○　一二　三一　三五

初昏　酉正二○六

起更　酉正二一四

二更　戌正三○二

三更　亥正三○六

小滿日			
○四	二七	四八	三六

四更	五更	攢點	平旦	初昏	起更	二更	三更	四更	五更
子正一○九	丑初一一一	丑正一一○	丑正一一四	亥初二○六	亥正一○○	亥正二○一	子初一一○	子正一○五	丑初初一四

小雪日			
一○	二七	四八	三六

四更	五更	攢點	平旦	初昏	起更	二更	三更	四更	五更
子正三○九	丑正三一三	卯初初○一	卯初一○九	酉正一○四	酉正一○九	戌正二○五	亥正三○二	子正三一三	寅初初一○

芒種日

〇五
一三
四二
五二

攢點	平旦	初昏	起更	二更	三更	四更	五更	攢點	平旦
丑初三〇〇	丑正初〇九	亥初三〇五	亥正二〇九	亥正三一〇	子初一一三	子正一〇二	丑初初〇六	丑初三一〇	丑正初〇五

大雪日

一一
一三
四二
五二

攢點	平旦	初昏	起更	二更	三更	四更	五更	攢點	平旦
卯初一〇六	卯初二一一	酉正初〇九	酉正初一〇	戌正一一二	亥正二一四	丑初初〇一	寅初一〇三	卯初二〇五	卯初三〇六

長春府表一　二十四節氣日午正太陽高度及立表卧表景長〇表高五尺

節氣				冬至日			小寒日			大寒日		
日躔	宮	十	度	丑	○	初	丑	一	五	子	○	初
實高	十度	十分	十秒	二二	四五	○○	二三	三五	四四	二六	○二	四四
半徑差角		秒			八			八			八	
視高	十度	十分	十秒	二二	四四	五二	二三	三五	三六	二六	○二	三六
視半徑		十分	十秒		一六	二二		一六	二三		一六	二二
上邊視高	十度	十分	十秒	二三	○一	一四	二三	五一	五九	二六	一八	五八
立表平景	丈尺	寸分	釐毫	一一	七六	七五	一一	三○	一○	一○	一○	九六
下邊視高	十度	十分	十秒	二二	二八	三○	二三	一九	一三	二五	四六	一四
卧表倒景	丈尺	寸分	釐毫	○二	○六	八五	○二	一五	五四	○二	四一	三九
日躔	宮	十	度	丑	○	初	寅	一	五	寅	○	初
節氣				冬至日			大雪日			小雪日		

吉林通志卷十四　[illegible]

立春日			雨水日			驚蟄日			春分日			清明日		
子	一	五	亥	〇	初	亥	一	五	戌	〇	初	戌	一	五
二九	五二	〇三	三四	四四	二七	四〇	一八	四九	四六	一四	〇〇	五二	〇九	一一
	七			七			六			六			五	
二九	五一	五六	三四	四四	二〇	四〇	一八	四三	四六	一三	五四	五二	〇九	〇六
	一六	二〇		一六	一七		一六	一三		一六	〇九		一六	〇五
二〇	〇八	一六	三五	〇〇	三七	四〇	三四	五六	四六	三〇	〇三	五二	二五	一一
〇八	六一	二四	〇七	一三	八〇	〇五	八三	七三	〇四	七四	四七	〇三	八四	七八
二九	三五	三六	三四	二八	〇三	四〇	〇二	三〇	四五	五七	四五	五一	五三	〇一
〇二	八三	九六	〇三	四三	二二	〇四	二〇	一七	〇五	一七	〇九	〇六	三七	三〇
卯	一	五	卯	〇	初	辰	一	五	辰	〇	初	巳	一	五
立冬日			霜降日			寒露日			秋分日			白露日		

穀雨日		立夏日		小滿日		芒種日		夏至日	
酉	初○	酉	五一	申	初○	申	五一	未	初○
五七	三四 三三	六二	五三 七五	六六	一二 六五	六八	一五 六二	六九	○四 ○三
	四		四		三		三		三
五七	二四 九三	六二	五三 三五	六六	一二 三五	六八	一五 三二	六九	五四 七二
	○一 一六		五一 七五		五一 四五		五一 一五		五一 ○五
五七	三五 ○九	六二	五五 ○一	六六	○四 七一	六九	○○ 四八	六九	四五 七八
○三	五一 四二	○二	二五 六六	○二	四一 九四	○一	五九 九○	○一	一八 九二
五七	二二 八七	六二	五一 六九	六六	一○ 九九	六八	二三 二六	六九	○二 七七
○七	五八 七三	○九	六五 六三	一一	二三 六一	一二	二七 五六	一三	九三 ○三
巳	初○	午	五一	午	初○	未	五一	未	初○
處暑日		立秋日		大暑日		小暑日		夏至日	

吉林通志卷十四　四三

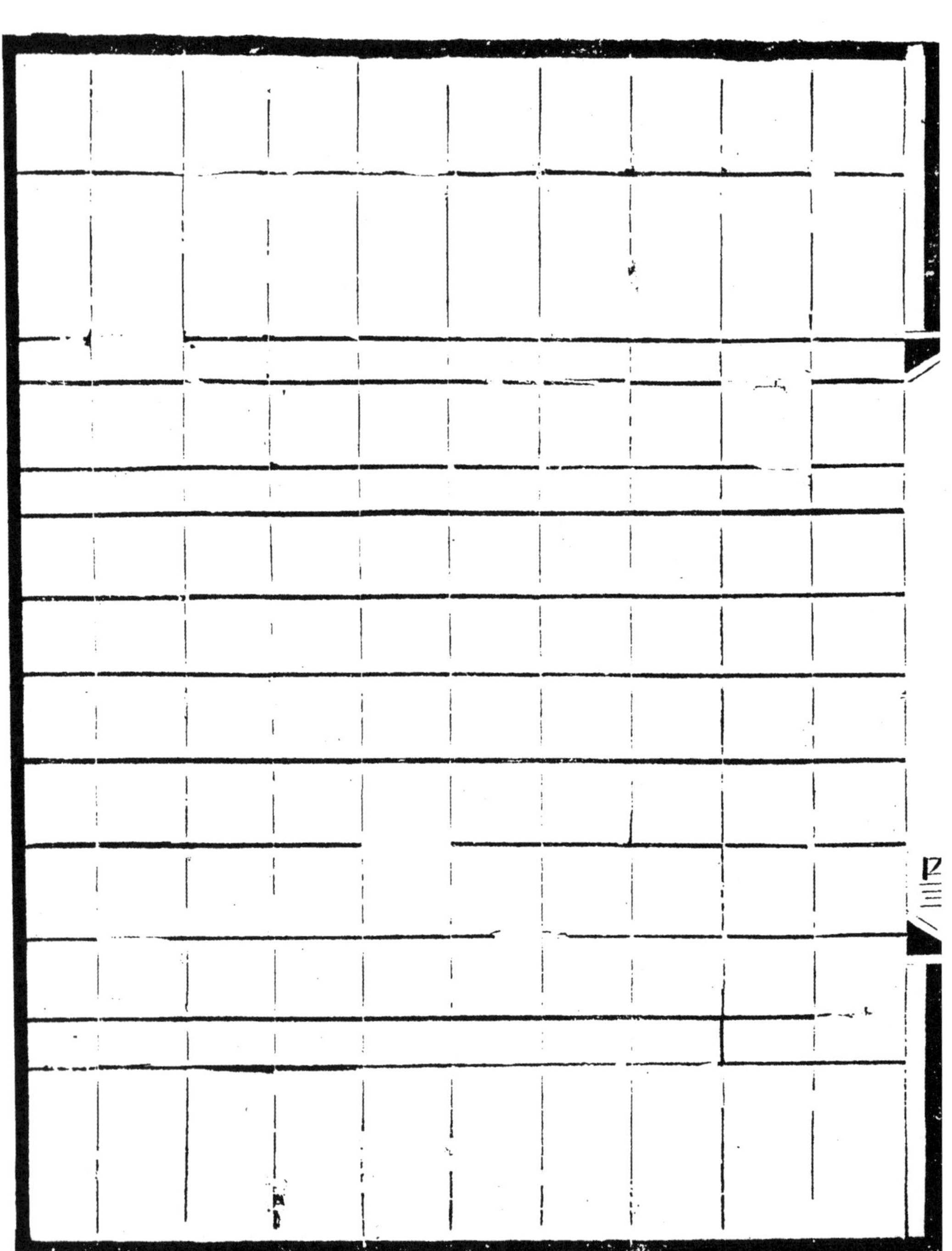

長春府表二十二太陽平景方位偏度及景長○此篇專爲造日晷而設故立五分高之表以取景其景長僅當前表百分之一

中氣	一	十一	月冬	至日	十二	月大	寒日
時正		辰正 申正	巳正 未正	午正	辰正 申正	巳正 未正	午正
太陽上邊視高	十度 十分 十秒	○三 二三 一四	一七 三六 二四	二三 ○一 一四	○六 ○一 一四	二○ 三九 一○	二六 一八 五八
太陽方位		正東偏南 正西偏南	正南偏東 正南偏西	正南	正東偏南 正西偏南	正南偏東 正南偏西	正南
太陽平景偏度	十度 十分 十秒	三七 一七 四二	二八 四二 四四		三五 一三 一六	三○ ○三 三○	
平景方位		正西偏北 正東偏北	正北偏西 正北偏東	正北	正西偏北 正東偏北	正北偏西 正北偏東	正北
立表平景	寸分釐毫	一八二八四	一五七六	一一七七	一四七四一	一三三七	一○二一
中氣		十一	月冬	至日	十月	小雪	日

正月	辰正 申正	二二 四四 四〇	正東西偏南	二九 三八 一〇	正西東偏北	三二一 九月
雨水	巳正 未正	一八 三七 五六	正南偏東西	三五 五〇 一〇	正北偏西東	〇九一六 霜降
日	午正	三五 〇〇 三七	正南		正北	〇七一四 日
二月	辰正 申正	二一 二六 〇三	正東西偏南	二一 四六 一二	正西東偏北	二二七四 八月
春分	巳正 未正	三八 五八 四七	正南偏東西	三九 五一 〇一	正北偏西東	〇六一八 秋分
日	午正	四六 三〇 〇三	正南		正北	〇四七四 日
三月	卯正 酉正	〇八 一一 一三	正東西偏北	〇八 二一 一〇	正西東偏南	三四七五 七月
穀雨	辰正 申正	二九 四二 五五	正東西偏南	二二 五六 三六	正西東偏北	〇八七六 處暑
日	巳正 未正	四八 五四 五七	正東西偏南	四一 〇七 四〇	正西東偏北	〇四三六 日
	午正	五七 五九 三〇	正南		正北	〇三一三

四月	卯酉正	一四〇四二七	正東西偏北	一四五二一四	正東西偏南	一九九四	六月
小滿	辰申正	三五三三四九	正東西偏南	〇五一七五九	正東西偏北	〇七〇〇	大暑
日	巳未正	五五五五二七	正東西偏南	三三四二一八	正東西偏北	〇三三八	日
	午正	六六四一〇七	正南		正北	〇二一五	
五月	卯酉正	一六一五四九	正東西偏北	一七二五一〇	正東西偏南	一七一四	五月
夏至	辰申正	三七三七二一	正東西偏南	〇二〇七二三	正東西偏北	〇六四九	夏至
日	巳未正	五八二三三七	正東西偏南	一九四二三二	正東西偏北	〇三〇八	日
	午正	六九五八四七	正南		正北	〇一八二	

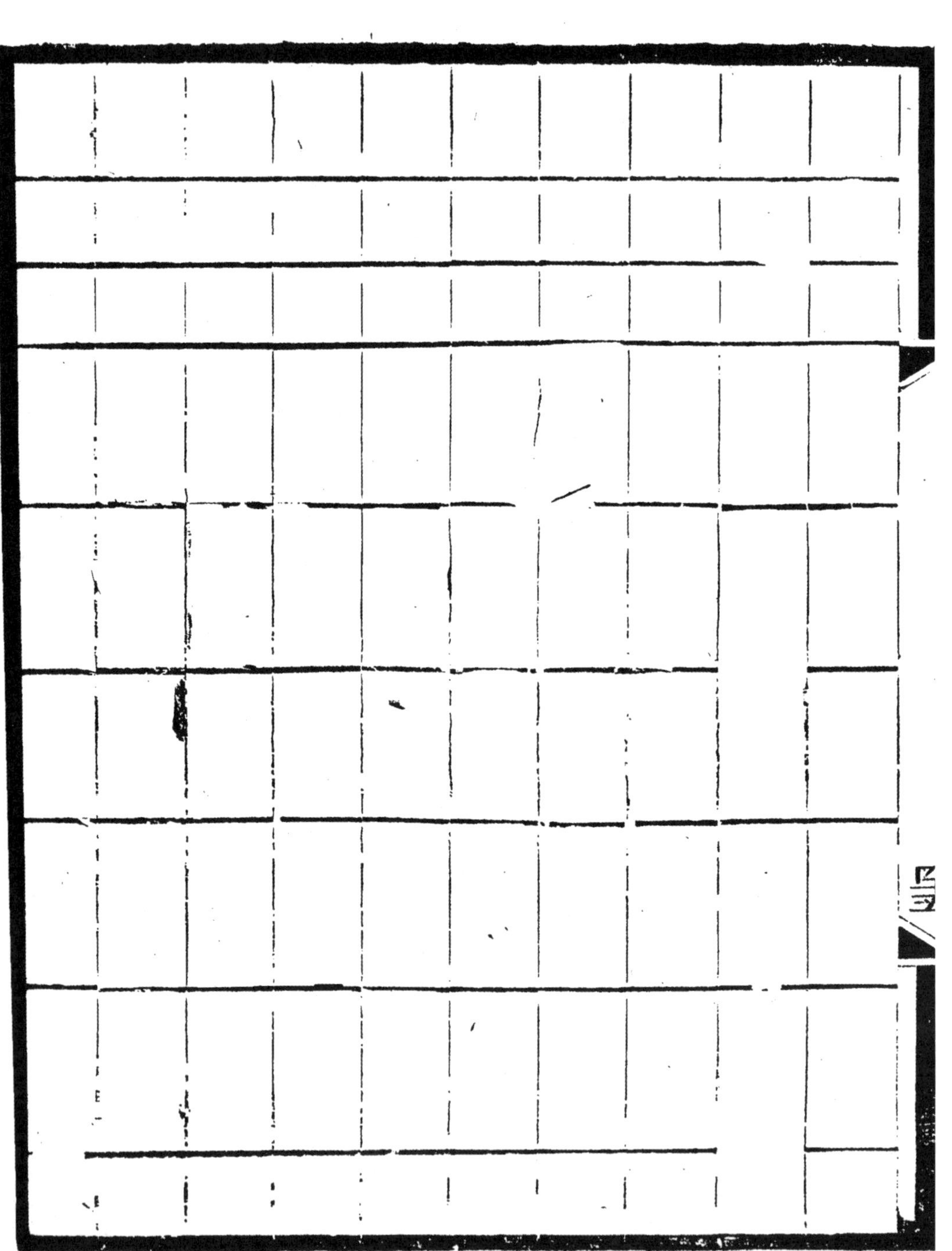

長春府表三　二十四節氣日出日入時刻晝夜刻曚影刻

節氣	日出	日入	晝	夜	曚影	節氣
	時初正刻十分	時初正刻十分	十刻十分	十刻十分	十刻十分	
冬至	辰初二〇八	申正一〇七	三四一三	六一〇二	〇七〇五	冬至
小寒	辰初二〇四	申正一一一	三五〇七	六〇〇八	〇七〇四	大雪
大寒	辰初一〇七	申正二〇八	三七〇〇	五九〇〇	〇七〇一	小雪
立春	辰初初〇五	申正三一〇	三九〇四	五六一一	〇六一三	立冬
雨水	卯正三〇〇	酉初一〇〇	四二〇〇	五四〇〇	〇六一一	霜降
驚蟄	卯正一〇八	酉初二〇七	四四一四	五一〇一	〇六一〇	寒露
春分	卯正初〇〇	酉正初〇〇	四八〇〇	四八〇〇	〇六一一	秋分

清明	卯初二〇七	酉正一〇八	五一〇一	四四一四	〇七〇〇	白露
穀雨	卯初一〇〇	酉正三〇〇	五四〇〇	四二〇〇	〇七〇七	處暑
立夏	寅正三一〇	戌初初〇五	五六一一	三九〇四	〇八〇二	立秋
小滿	寅正二〇八	戌初一〇七	五九〇〇	三七〇〇	〇八一三	大暑
芒種	寅正二一一	戌初二〇四	六〇〇八	三五〇七	〇九一〇	小暑
夏至	寅正一〇七	戌初二〇八	六一〇二	三四一三	一〇〇〇	夏至

長春府表四二十四節氣日昏旦更點時刻

節氣	冬至日					
日躔赤道	十宮	十度	十分	十杪	○○ ○○ ○○ ○○	
昏旦更點	初昏	起更	二更	三更	四更	五更
時初正刻十分	酉正初一二	酉正一○七	戌正二○四	亥正三○一	子正三一四	寅初初一一

節氣	夏至日					
日躔赤道	十宮	十度	十分	十杪	○六 ○○ ○○ ○○	
昏旦更點	初昏	起更	二更	三更	四更	五更
時初正刻十分	亥正初○八	亥初二○八	亥正二○二	子正一一一	子正一○四	丑初初一三

小寒日	○○一六一七○八
攢點	卯初一○八
平旦	卯初三○三
初昏	酉正一○○
起更	酉正一一一
二更	戌正二○七
三更	亥正三○二
四更	子正三一三
五更	寅初初○八
攢點	卯初一○四
平旦	卯初三○○

小暑日	○六一六一七○八
攢點	丑正初○七
平旦	丑初三○七
初昏	亥初二○四
起更	亥初三一四
二更	亥正一一四
三更	子初一一○
四更	子正一○五
五更	丑初一○一
攢點	丑正初○一
平旦	丑正初一一

大寒日								立春	
○一 ○二 一一 二四								○一 一七 二八 二五	
初昏	起更	二更	三更	四更	五更	攢點	平旦	初昏	起更
酉正一○九	酉正二○八	戌正二○四	亥正三○五	子正三一○	寅初初○一	卯初初○七	卯初二○六	酉正二○八	酉正三一○

大暑日								立秋	
○七 ○二 一一 二四								○七 一七 二八 二五	
初昏	起更	二更	三更	四更	五更	攢點	平旦	初昏	起更
亥初一○七	亥初二○五	亥正一○七	子初一○七	子正一○八	丑初一○八	丑正一○八	丑正一一○	亥初初○五	亥初初○六

日

雨水日

○二
○二
○五
五○

二更戌正三○九
三更亥正三○八
四更子正三○七
五更丑正三○六
攢點寅正三○五
平旦卯初一○七
初昏酉正三一一
起更戌初一○○
二更亥初初○六
三更亥正三一二

日

處暑日

○八
○二
○五
五○

二更亥正初一二
三更子初一○四
四更子正一一一
五更丑初二○三
攢點丑正二一○
平旦丑正三○九
初昏戌正二○七
起更戌正三○○
二更亥正初○○
三更子初一○○

驚蟄日

〇一一三
二六一四

四更	子正三〇三
五更	丑正二〇九
攢點	寅正二〇〇
平旦	卯初初〇四
初昏	戌初一〇二
起更	戌初二〇七
二更	亥初一〇四
三更	子初初〇一
四更	子正二一四
五更	丑正一一一

白露日

〇一一三
八六一四

四更	子正二〇〇
五更	丑初三〇〇
攢點	寅初初〇〇
平旦	寅初一〇八
初昏	戌正初〇八
起更	戌正一〇八
二更	亥初三〇二
三更	子初初一一
四更	子正二〇四
五更	丑初三一三

春分日

〇〇〇〇
〇〇〇三

攢點	寅正初〇八
平旦	寅正二一三
初昏	戌初二一一
起更	戌正初〇〇
二更	亥初二〇三
三更	子初初〇六
四更	子正二〇九
五更	丑正初一二
攢點	寅初三〇〇
平旦	寅正一〇四

秋分日

〇〇〇〇
〇〇〇九

攢點	寅初一〇七
平旦	寅初三〇七
初昏	戌初二一一
起更	戌正初〇〇
二更	亥初二〇三
三更	子初初〇六
四更	子正二〇九
五更	丑正初一二
攢點	寅初三〇〇
平旦	寅正一〇四

節氣	數	時刻
清	〇三一三	初昏戌正初〇八
明	四八二六	起更戌正一〇八
日		二更亥初三〇二
		三更子初初一一
		四更子正二〇四
		五更丑初三一三
		攢點寅初一〇七
		平旦寅初三〇七
穀	〇三二七	初昏戌初二〇七
雨	五四一〇	起更戌正三〇〇
寒	〇九一三	初昏戌初一〇二
露	四八二六	起更戌初二〇七
日		二更亥初一〇四
		三更子初初〇一
		四更子正二一四
		五更丑正一一一
		攢點寅正初〇八
		平旦寅正二一三
霜	〇九二七	初昏酉正三一一
降	五四一〇	起更戌初一〇〇

日

二更亥正初○○
三更子正一○○
四更子正二○○
五更丑初三○○
攢點寅初初○○
平旦寅初一○八

立夏日

○一三三
四二一五

初昏亥初初○五
起更亥初初○六
二更亥正初一二
三更子初一○四

日

二更亥初初○六
三更亥正三一二
四更子正三○三
五更丑正二○九
攢點寅正二○○
平旦卯初初○四

立冬日

一一三三
○二一五

初昏酉正二○八
起更酉正三一○
二更戌正三○九
三更亥正三○八

小滿日	
〇四 二七 四八 三六	
四更	子正一一一
五更	丑初二〇三
攢點	丑正二一〇
平旦	丑正三〇九
初昏	亥初一〇八
起更	亥初二〇六
二更	亥正一〇八
三更	子正一〇八
四更	子正一〇七
五更	丑初一〇七

小雪日	
一〇 二七 四八 三六	
四更	子正三〇七
五更	丑正三〇六
攢點	寅正三〇五
平旦	卯初一〇七
初昏	酉正一〇九
起更	酉正二〇七
二更	戌正二一三
三更	亥正三〇四
四更	子正三一一
五更	寅初初〇二

芒種日

〇五　一三　四二　五二

攢點	平旦	初昏	起更	二更	三更	四更	五更	攢點	平旦
丑正一〇七	丑正一〇九	亥初二〇四	亥初三一四	亥正一一四	子初一一〇	子正二〇五	丑初一〇一	丑正初〇一	丑正初一一

大雪日

一一　一三　四二　五二

攢點	平旦	初昏	起更	二更	三更	四更	五更	攢點	平旦
卯初初〇八	卯初二〇六	酉正一〇〇	酉正一一一	戌正二〇七	亥正三〇二	子正三一三	寅初初〇八	卯初一〇四	卯初三〇〇

授時之法全憑測驗而以北極高度爲立法之原黄赤大距尤爲求日躔之所本是表參考

皇朝一統志會典諸書所定北極高度及考成後編實測所得黄赤大距爲二十三度二十九分以之爲用數遵考成及協紀辨方成法求太陽高度方位晝夜時刻曚影刻分昏旦更點時刻推算所得皆與測量所得合如法布算立經緯度總表一吉林省城長春府甯古塔伯都訥阿勒楚喀三姓富克錦琿春各分表四省城依七十二候餘二十四節氣此外則附經緯度於總表吉林省分野當尾箕爲析木之次舊說紛

如莫可窮詰故考成上下編不及焉茲亦存而不論

而以推算所得者著於篇

吉林通志卷十五

輿地志三　疆域上

吉林統部

吉林省治吉林府西南距

京師二千三百里距

盛京八百二十里

東至甯古塔松阿察河東岸亦字界牌俄羅斯界一千七百餘里　西至威遠堡邊門奉天府開原縣界五百六十里　南至鴨綠江朝鮮界九百餘里　北至松花江即混同江黑龍江呼蘭廳界六百餘里　東南

到琿春長嶺土字界牌以東俄羅斯界一千二百餘
里　西南到額爾敏河奉天省通化縣界五百五十
里　東北到富克錦烏蘇哩江口東岸耶字界牌光緒
十二年吉林將軍希元奏派富克錦協領會同俄官
將烏蘇哩江口舊有界牌一道換立頭號耶字石界
牌一道　俄羅斯界二千五百餘里　西北到農安縣夏
家窩堡郭爾羅斯公界五百餘里新纂

二十四　盛京通志東至海三
千餘里西至邊門五百九十里開原縣界南至鴨綠
江九百九百七十里江之南接朝鮮界北至邊地六
百餘里蒙古界東南至錫赫特山二千三百餘里海
界西南至英莪邊門七百餘里奉天將軍所轄界東
北至赫哲費雅喀三千餘里海界西北
至克爾蘇邊門四百五十餘里蒙古界
東西距二千四百餘里南北距一千五百餘里新纂

皇朝文獻通考二百七十一東西距四千餘里南北距一千九百餘里　謹案吉林東至甯古塔八百餘里又東至烏札庫邊卡七百餘里又東至松阿察河三百里又東至海濱千餘里是吉林東境實三千里有奇也又自吉林東北至三姓一千二百里又東北至富克錦五百餘里又東北至烏蘇哩江口七百餘里又東北至伯利今俄名克博諾付克順混同江至廟爾今俄名聶格來斯克二千餘里是吉林東北境實四千四百里有奇也又自富克錦踰混同江而北循黑龍江省東界北至外興安嶺二千里有奇又自琿春而東至海參崴今俄名那吉窪斯克又東至錫林河七百里有奇其中部落若費雅部居圖庫魯鄂古二河之間在混同江北海濱若貴雅額部居額齊第河西若貢貂部居約色河北若奇雅喀喇部居約色河南並在混同江東南海濱其自混同江口西至黑勒爾則濟勒彌部居之即金史之濟喇敏也自黑勒爾西至阿吉大山沿混同江兩岸則額登喀喇部居之即不薙髮黑斤也自阿吉大山西至伯利則赫哲喀喇居之即薙髮黑斤也諸部落久隸版圖比於編戶今自咸豐八年愛琿之約定凡烏蘇里河口順

混同江東北至海濱二千餘里舊界屬於俄而以烏蘇里河口爲中俄新界矣咸豐十一年北京之約定凡烏蘇里河口泝流至松阿察河踰興凱湖而西至白棱河口又踰大綏芬河而南至瑚佈圖河口又南而西至圖們江口以東舊界屬於俄而以烏札庫邊卡瑚佈圖河口爲中俄新界矣光緒十二年黑頂子勘界定琿春之海口屬於俄而以圖們江口内去海三十里土字界牌爲中俄新界矣又庫葉一島在東北海中一曰庫頁島一曰黑龍嶼會典圖說所謂三姓城所屬海以外當混同江口之東有大洲者是也東西廣三四百里狹者或一二百里南北袤二千餘里島西北有圖克蘇圖山山陰爲祉瓦狠部山陽爲費雅克部少南有音格繩山又南有塔塔瑪山兩山之間卽庫葉部人所居又南有阿當吉山東爲嵩闊洛部南爲俄倫春部又南爲雅丹部並 國初内附以距 京遼遠不能時至歲以夏六月遣使至寧古塔東北三千里普祿鄉受貢頒 賜後屬三姓今亦爲俄有矣此外東南海中有蝦夷島康熙中屢隨庫葉人至混同江境内貢貂受 賞後入於倭以皆昔日吉林疆域所極並志之備稽考焉

邊隘

巴彥鄂佛羅邊門在省城正北一百八十里爲伯都訥黑龍江往來孔道東北以額塞哩河爲界邊外皆蒙古科爾沁等部地

伊通河邊門在省城西北一百八十里

赫爾蘇邊門在省城西北四百六十七里

布爾圖庫邊門在省城西北五百六十八里

以上四邊門皆統於吉林將軍東自吉林北界西抵奉天開原縣威遠堡邊門長六百九十餘里遮邏奉天北境插柳結繩以定內外謂之柳條邊亦名新邊

盛京通志口十口吉林外紀七巴彥鄂佛羅邊門舊名法特哈以山得名山在法特哈江西高十餘丈周數十丈形如象蹶山根下有蹶爪之痕聖祖巡幸駐蹕指門外黃山背子改今名門外至黃山背子十五里伯都訥界伊通門即易屯邊門又稱一統門門外長春廳界赫爾蘇邊門即克勒蘇門以河得名舊志亦作黑爾蘇門外蒙古界布爾圖庫邊門舊名名布爾圖庫蘇巴爾漢又名半拉山門蘇巴爾漢國語塔也以門之東南塔山爲名乾隆年間奉部文裁蘇巴爾漢四字惟稱布爾圖庫門外蒙古界以上四門自法特哈東亮子山至布爾圖庫西威遠堡門圍長六百二十二里邊柵高四尺五寸邊壕寬深各一丈

劉綸恭和

御製柳條邊元韻曷奕黃圖肇遼海海山襟帶眞無外一綫緣邊折柳條版鍤不煩人力儩四十八部屏藩多瓜

期戊卒𢈔經過徑如設柾圍設蕞循牆恭謹當如何吉行五十日記里伊屯英額奚翅葰遠勢兼閭控句麗在德不在險明矣諏辰軷舍爰自東元菟古郡遙相通郁蔥佳氣攬前旆新豐雞犬將毋同絕域梯航況時有巖疆不藉金湯守敲鐙齊吟出塞篇鞭絲青

王迹聲靈託無外郊圻申畫示藩維休養承平息勞憊邊門度關門柳一百二十一盛京通志

汪由敦前題闕左帶江襟溟海

縈繞柳條多疏如列柵肩纔過蒸土鑿山恐未固立木所禦能幾何自北而東幾千里九邊雄要什且葰

重門擊柝豈其然聖有金城斯是矣

鑾旗行秋指大東伊屯詄蕩吉林通林開陸海見窩集源

溯星潢接混同笑指邊牆原舊有緬想

陟原思繼守請同崖口峙豐碑木蘭有御製入崖口詩勒石山上萬葉春

光牆上柳同上

金德瑛前題金湯設險賚山海往往其間分內外備

胡二策費經營盛世猶嫌甲兵僃我

朝制馭利最多時巡秋獮來經過諸蕃一見皆臣子彼

此相狎無云何邊人蕃人似鄰里貿易熙攘利倍蓰

乾坤度量丕冒之雀爵爭嫌亦微矣行依柳色東復東鹿眼

疎籬面面遶外邊弟遂裏邊見歡笑和荅將毋同豐亨悅豫占年有

天子有道四夷守古來辛苦築長城何如植此柔條柳同上

駐防附

伊通河以河得名在省城西二百九十里吉林外紀七皇朝文獻通考二百七十一伊通河在吉林城西北二百九十里雍正六年設佐領及防禦驍騎校等員於此管理各旗戶

額穆赫索羅舊窩集部地也以額穆和湖得名在省城東三百六十里吉林外紀二皇朝文獻通考二百七十一額穆赫索羅在吉林城東南三百四十五里乾隆三年設佐領及防禦驍騎校等員於此管理各旗戶

卡倫附

富爾嶺卡倫省城正東三百餘里南至輝法卡倫蜂蜜磖子地方一百餘里

額赫穆卡倫駐雙岔河地方省城東南一百餘里東至拉發站八十餘里南至松花江六十餘里北至牛心頂子五十餘里

四道溝卡倫省城東南二百餘里東至富爾卡倫六十餘里

法畢拉河卡倫省城正南二百餘里西至三道溝卡倫一百餘里

輝發河卡倫駐蜂蜜砬子地方省城正南二百餘里

至輝發河內三道溝卡倫十餘里

色勒薩穆齊河卡倫省城正南三百餘里至法畢拉

卡倫一百餘里

三道溝卡倫省城西南二百餘里

以上七卡倫官兵每月更換一年不撤謂之恩特

赫謨特佈赫卡倫國語恩特赫謨特佈赫常設也

吉林舊設二道河得恩潭卡倫二圍場舊設薩倫

依勒門蘇瓦延伊通庫爾訥窩集呢雅哈氣依巴

丹瑪法塔嘎爾罕汪色古拉庫卡倫十額穆赫索

羅舊設壇頻英額達巴罕卡倫二共恩特赫穆特

佈赫卡倫十

四均經裁改

依罕阿林河卡倫省城東北二百餘里

舒蘭河卡倫省城東北二百餘里

以上兩卡倫官兵三月換班春設冬撤謂之雅克什謨特佈赫卡倫國語雅克什謨特佈赫暫設也

吉林舊設三箇頂子拉法烏里蛟哈舒爾哈平頂山荒溝額赫穆屯推摶荒地綏音瓜勒察羅圈溝倒木溝海清溝卡倫十四額穆赫索羅舊設通溝卡倫一共雅克什謨特佈赫卡倫十五均經裁改

打牲烏拉城

東至窩集口封堆七十里　西至石灰窯子五十里

南至依罕阿林河口三十五里　北至五里橋子九十里　東南到靠山屯封堆七十里　西南到三

家子四十里　東北到四道梁子封堆一百三十里

西北到八家子八十里以上皆吉林府界新纂盛京通

志二十四東至團山子二十三里西至恩沛口二十

四里南至三家村四十里北至康家屯六十八里東

南至烏赫達三村三十三里西南至三台村十四里

東北至孔家屯六十二里西北至康家屯六十八里

皆與船

廠接界

東西廣一百三十里南北袤一百二十五里西南距

省城七十里

卡倫附　屯鎮津梁見吉林府

馬當溝卡倫城西北二百十里東至柳樹河卡倫八

十里

柳樹河卡倫城北一百九十里東至雷擊䃊子卡倫五十里

雷擊䃊子卡倫城東北二百三十里

以上卡倫三光緒十一年爲保護貢山紅松擇要添設按年九月派次年三月裁謂之雅克什謨特佈赫舊設喀薩哩那木唐阿共恩特赫謨特佈赫卡倫二四道梁子長嶺子㒒家屯老少屯共雅克什謨特佈赫卡倫四均經裁改

吉林府

東至嵩嶺即張廣才嶺敦化縣界二百七十五里　西至石頭河子伊通州界二百三十里　南至那爾轟嶺

圍山界三百里　北至巴彥鄂佛羅邊門外伯都訥廳界二百十里　東南到慶爾嶺即鹹虎嶺敦化縣界四百二十里　西南到太陽川伊通州界二百十里　東北到舒蘭荒耘字四牌五常廳界二百餘里　西北到小河台邊壕長春府界二百十里新纂

舊志十二　盛京　永吉州東至昂邦奪河大嶺二百里已栽泰寧縣界西至威遠堡門五百七十里開原縣界南至訥秦窩集七百三十里外爲甯古塔將軍專轄界北至法哈門二百十里長甯縣界東南至長白山一千三百里外爲甯古塔將軍專轄界西南至富哈山五百里外爲甯古塔將軍專轄界東北至墨棱河二百四十里外爲甯古塔將軍專轄界西北至克勒素門四百六十七里外爲甯古塔將軍專轄界

東西廣五百五里南北袤五百十里

津梁井附

正東朝陽門外橋一門裏河南街南頭道胡同路西北頭道胡同路西　祖師廟西院　崇文書院　南二道胡同路西南四道胡同路東　魁星樓西胡同　北四道胡同同路西　義學門東　義學西胡同　大街路南高家店　德成店　路南永樂店　義順隆　三道馬頭胡同北口　泰昌棧　路北德元號　育生堂恆升當　大街北胡同　三義廟　三義廟東胡同小興隆胡同東院　大興隆胡同東口　炭市胡同南口以上井各一

河南街二道馬頭衚衕北口橋一街後炭市西胡同路南　大街路北同合店　街後城隍廟胡同路北以上井各一

牛馬行街河南街北有風水河相接橋五河東益泰福景隆棧　瑞發棧　河西稅局後胡同　鐵家店　三官廟門前三官廟西胡同路北　三官廟後胡同路西以上井

一各

通天街河南街北東口地橋一大街路北道署　道署西三眼井　道署西胡同道署後胡同　滿洲正白旗官廳東　滿洲鑲黃旗官廳東　北胡同抬槍隊營街北山神廟西胡同路北福源德　德慶永西口路北德慶永　功德院東　德盛源棧　㬥家店　後胡同東清眞寺頭道花園西口以上井各一

東南東萊門外橋一門裏瀕江北岸迴水灣北胡同路南　藍旗堆子路南以上井各一

糧米行街東口太平橋一街口路南　白旗堆子路北　街口路北胡同　學院行台路南　蟲王廟　街後官蔘局路南　玉春園胡同路北　大街路南　大街路北　大人府西轅門外以上井各一

大八府西三道馬頭瀕江橋一及松花江官渡口

東二道馬頭瀕江橋一

將軍府前二道馬頭瀕江橋一及松花江官渡口

尙儀街北口地橋一

將軍衙門前遵法橋一衙門東院　衙門後胡同甜水井以上井各一

正西迎恩門外橋二門裏瀕江北岸

轆轤把街南口有官渡口一西大街路北旭昇棧　廣和慶門外翠花胡
同路北三義棧　萬福盛　咸泰館
會全號　子孫堂以上井各一

板子衚衕橋一路西德春號井一

西關頭道馬頭瀕江橋一西門外大街瀕江北岸西門外路

北路北明宅　火神廟東院　火神廟後路北
火神廟後　山神廟後　山神廟後路北　路北德
豐泰路路南義學西院　路南慶祥堂　德全木局
伍升木廠　萬壽宮西院　路北元增號　南胡
同路東　路南直隸
會館以上井各一
船營東西各有橋一　前新街南胡同　大街路南合
發木廠　路南萬發木局　萬
合木局　馬神廟西路北　天興木廠　萬合當
後新街路南　後新街南胡同路西　後新街路北
路北李宅　後新
街路南以上井各一
西圍子門外有相接橋三通蒐登站等路
西北福綏門外各有橋三　門裏北水門街路北馬家
碾房　財神廟西胡同
街東烏槍營　府衙門西胡
同　臭皮胡同以上井各一
順城街福綏門外西轉心湖橋一　大街路北同興店　興
隆魁　廣興店　李宅

奎昌店以
上井各一
德勝街順城街北東西口各有橋一大街路西萬盛店　路西長盛店　路南
萬來店以
上井各一
西北德勝門外橋一門裏路北同蘭公棧井一
西北致和門外橋二門裏小北門官街路東朱宅　路西張家胡同　路東源森號
薰皮灶胡同路北
西營門東以上井各一
正北北極門外橋二門裏北大街路東魏宅　長盛棧　同裕當　翰林胡同　德
發店　裕德棧　增興棧以上井各一　恆升店井二　牌樓北路東井一　北大街路西沙宅　廣合
店　玉祥店　增興店　吉軍文案處以上井各一　牌樓北路西　同蘭公井二　牌樓北北東胡同　義
隆棧　恆升棧　復慶店　源發店　大有店　全勝店　牌樓南東頭道胡同　同裕太棧　馬家店以

上井各一　東二道胡同路南井二　路北院內全順店　恆吉店　大街路東源升棧　源升慶裕泰店以上井各一　大街路西永升店井二　西清眞寺　立昇號　官胡同路南　毓興店　以上井各一

東北巴爾虎門內橋一　門裏北倉街路東　太平倉西　觀音堂後路東　正紅旗關防後以上井各一

謹案會城屋宇鱗什一於木其厠若垣及車馬所賴大抵皆木也又家積薪櫍如岡阜故鬱攸之禍莫烈於茲而天寒江冰至無涓滴可挹然則鑿井爲最要矣用光緒順天志例附著津梁末焉

屯鎮　打牲烏拉城屯鎮及津梁附

正東距城二里岔路口屯八里東團山子屯吉林外紀城東有松花江渡口康熙三十三年設十二里龍潭山有松花江官渡口並上渡口俱通額赫穆站等路十五里下達屯二十里荒山嘴子屯二十五里萬家溝屯三十里小茶棚屯三十五里高家窪子四十里大茶棚屯四十五里沙河子五十里上紅窑峯屯六十里三家子七十五里五家子八十五里兩家子九十里雙岔河屯一百里額赫穆站街一百五里荒山子屯一百一十里窩集口子屯一百三十里頭道河子屯一百四十里老爺嶺屯一百六十里小孤家子一百七十里大孤家子一百八十里新站即拉

法站一百八十五里薛家崴子一百九十里舊站街一百九十五里龍鳳口屯二百里苦巴河屯二百一十里長嶺子屯二百二十里額勒赫屯即額爾哈屯二百四十里退摶站街二百七十五里張廣才嶺屯以上存儉社

正東迤南距城八十五里火盤溝屯一百里老爺磯子屯一百二十里海青嶺屯一百四十里海青溝屯一百七十五里八家子一百八十里溝口大屯一百九十里拉法磯子屯二百一十五里伊奇岡子屯二百二十五里荒地屯以上存儉社

東南距城五里昌義屯八里炮手屯有松花江渡口通額赫穆站等

路二十五里三家子三十五里猴嶺屯四十五里大孤家子五十五里小孤家子七十里額赫穆屯八十里新開河屯八十五里楊木頂子屯一百里羅圈溝屯一百一十里慶爾嶺屯一百二十里横道子屯一百四十里新店一百五十六里池水溝子屯一百六十里大八家子一百六十三里碾子溝屯一百六十五里白廟子屯一百六十六里小八家子一百六十七里三家溝一百六十八里舊街一百七十里北崴子屯一百七十三里新街一百七十六里亂泥溝子屯一百七十八里水音屯又崴子煤窯屯一百八十

里蛟河街又房木溝屯一百八十五里南荒地屯一百八十八里闊門磖子屯又蕨菜溝屯一百九十里小荒地屯一百九十二里富江屯一百九十五里烏林溝屯又杪松屯一百九十六里發河屯又放牛溝屯一百九十八里前杪松屯二百里烏林屯又泥珠溝子屯二百五里窩集口子屯二百一十里王家岡子屯二百一十五里小富太河屯卽富爾哈河二百二十五里大富太河屯存儉社二百四十里樺皮甸子屯二百四十五里五道溝屯二百五十里漂河屯二百六十里漂河川屯二百七十里橫道子屯二百八十里

大楊樹屯二百九十里金銀窖屯三百里乾溝子屯三百一十里寒葱溝屯三百一十五里塔頭溝屯三百二十里轉水湖屯三百二十五里卧牛石屯三百三十里蛇嶺溝屯三百四十里少爾哈達屯三百七十里土磖子屯勤理社

東南迤南距城一百一十里楊木溝屯一百三十里小富太河川屯一百四十里大富太河川屯一百五十里倒木溝屯一百七十里八家子屯一百八十五里蘇爾哈屯一百八十八里大掛旗屯一百九十里代露河屯一百九十五里小掛旗屯又哩邦河屯二百

里尖山子屯叉黑嘴子溝屯二百一十里薩們多河屯二百二十里荒山溝屯二百二十五里六道溝屯二百三十里大青背屯二百三十五里太陽溝屯存儉

社

正南松花江東岸距城五里嘎字街六里安字營八里馬家屯十五里紅旗屯二十里長屯二十五里蓮花泡屯三十里吳家哨屯有松花江渡口四十里大蛇嶺溝屯四十五里大五棒溝屯五十里小五棒溝屯六十五里蛇嶺溝口屯有松花江渡口七十里額赫穆河口屯有松花江渡口七十五里羊石磖子屯有松花江渡口八十五里海浪屯有松

花江渡口九十里五里溝口屯有松花江渡口九十五里西磖子屯九十六里上三家子九十八里唐家崴子一百五里雅們河口屯有松花江渡口一百一十里小富太河口屯有松花江渡口一百二十里張家灣子有松花江渡口一百四十里大富太河口屯有松花江渡口一百六十里涼水河子屯有松花江渡口一百七十里響水河子屯有松花江渡口一百八十五里姜家船屯有松花江渡口一百九十五里五虎石屯有松花江渡口二百里拉法河口屯有松花江大渡口以上存儉社二百一十里榆樹崴子屯二百一十五里牤牛溝河屯二百二十里登潭通屯二百三十里牛槽石屯二百三十五

里巴蘭窩集屯有松花江渡口二百四十里驢槽石屯二百四十五里漂河崴子屯二百五十里漂河口子屯有松花江渡口以上勤理社二百六十里嘎哈屯二百六十五里荒溝屯二百七十里五虎石溝屯有松花江渡口二百八十里頭道溝屯二百八十五里二道甸子二百九十里小加皮溝屯二百九十五里小五虎石溝屯有松花江渡口三百里樺樹林子屯有松花江大渡口三百一十里穆欽河屯三百一十五里大穆欽河屯三百二十里地窨子屯有松花江渡口並上渡口俱東南通敦化縣琿春南通磨盤山等路三百二十五里三十一道崴子屯三百三十里壓鹿溝口屯有松花江渡口通南

山路三百三十五里下帽兒山屯三百四十里上帽兒山屯勤治社

正南松花江西岸距城六里温特河子屯有温特河官渡口吉林外紀城西十里有烏拉渡口康熙十一年設卽今松花江官渡口俱通西南及磨盤山等路八里八里屯十二里紅旗屯十五里小藍旗屯二十里大藍旗屯二十三里三家子三十里阿濟格哈達屯有松花江渡口三十二里靠山屯三十五里桂子溝屯四十里小風門屯有松花江渡口五十里雙鳳屯六十里大風門屯有松花江渡口六十二里蛇嶺口子屯有松花江渡口七十里唐家崴子屯七十五里羊石磖子屯有松花江渡口八十里將軍石溝

屯八十五里大海滾溝屯（有松花江渡口）九十五里依拉嘎哈屯一百五里小窩集屯（有松花江渡口）一百一十里黑瞎溝屯一百二十里羅圈溝屯一百三十里富義石屯一百三十五里老虎洞溝屯（有松花江渡口）一百四十五里額河屯一百五十里前沙石戶屯一百六十里牸牛溝屯一百七十里二十家子屯一百七十五里歪脖子哨屯（有松花江渡口）一百九十里南天門河屯（郎瑪河口）延屯（有松花江渡口）二百里興隆溝屯二百一十里舊卡倫屯（有松花江渡口）二百三十里大半拉窩集溝屯（有松花江渡口）二百三十五里小半拉窩集溝屯二百四十里柳樹河子屯

有松花江渡口二百四十五里朝陽坡屯二百五十里倒木溝屯二百六十里大鷹溝屯有松花江渡口二百六十五里小富太河屯二百八十里大卡倫屯有松花江渡口二百九十里蜂蜜磖子屯三百里呢什哈溝屯有松花江渡口並上渡口俱東南通敦化縣琿春南通磨盤山及南山等路　以上篤行社

正南松花江西岸迆西　距城三十五里巴虎屯四十里大屯六十五里拉古塔屯八十里望旗屯八十五里廟嶺屯八十八里漂洋屯九十里小四間房屯九十五里孟家屯一百里大葳子屯一百一十里石頭河子屯一百二十里瑪延大嶺屯　百二十五里沙石戶屯

一百六十里蕨蔴菜河屯一百六十五里頭道溝屯一百七十里長山屯一百七十五里二道溝屯一百八十里橫道河子官街一百八十五里三道溝屯一百八十八里八道河子屯一百九十里張家窩堡二百里大土山屯二百一十里二土山屯二百二十里三土山屯二百二十五里杉松嶺屯二百三十里金沙河屯二百三十五里三台子屯屯北有金沙河渡口通輝發河官街路二百五十里平山屯二百八十里壽山屯二百八十五里天平嶺屯三百里輝發河官街舊名大興鎮街南有輝發河大渡口通磨盤山蘇墨城及南山等路

西南距城五里團山子屯八里小白山屯十里榆樹林子屯十三里巴虎屯十五里小四間房十六里二道河子屯十八里蘇相公屯二十里馬家屯又碾子溝屯二十二里張家溝屯二十五里邢家店二十八里泡子沿屯三十里孤榆樹屯三十五里達子溝屯四十里口前屯四十二里奶子街四十五里拉拉街四十六里春登河屯四十八里藍旗屯五十里紅旗屯五十二里于光屯五十四里紅石磖子屯五十五里鼇哈達屯六十里官馬山屯以上與讓社六十五里歪頭磖子屯又馬鞍山屯六十八里靠山屯七十里六

家子七十八里官地屯八十里押雀溝屯八十五里岡子屯九十里大三家子又大崴子屯九十六里奚家屯一百里郭番屯（以上耕讀社）一百一十里門坎石屯又倒木河屯一百二十里雙河鎮一百三十里牛心頂子屯一百四十里趙大吉山屯（以上誠忠社）一百六十里盧家屯一百七十里杜家屯一百八十五里後五家子一百九十五里張家大窩堡二百里煙筒山街二百一十里前五家子二百一十八里閻家屯二百二十里羅圈崴子屯二百三十里亂木橋子屯二百四十里呼蘭川屯又長崴子屯二百五十里馬蹏崴

子屯二百六十里小城子街二百六十五里大興川屯二百九十里營城子

西南迤西距城十五里徐家岡子十八里蘇相公屯二十二里王相公屯三十里腰三家子三十五里金三家子四十里吳三家子四十五里蓬子溝屯五十里務本屯六十二里西大央屯七十里樺樹林子屯八十里將軍碑屯八十五里清茶館屯以上耕讀社九十里白馬夫屯一百里五里河子屯一百二十里幌子溝屯一百三十里五家屯一百六十五里五花頂子大屯一百八十里三道梁子屯一百九十里山東家子

屯二百里太陽嶺屯二百三十里太陽溝屯二百四十里丁家屯二百四十五里賀家溝二百五十里二道梁子屯二百六十里太陽溝屯二百六十五里暖泉子屯二百七十里三道溝屯二百八十里二道溝屯二百九十里頭道溝屯

正西距城十里歡喜嶺屯十二里張山屯十五里孤家子屯二十里二道嶺屯二十五里老爺嶺屯二十六里銅匠溝屯二十八里徐家岡子屯三十里蕭家店三十五里楊三家子四十里小水河屯屯東有大橋一通伊通州長春府等路四十三里小甸子四十五里大水河屯四

十八里達子屯五十里韓廣富屯五十二里狐狸屯五十五里五里橋子屯屯東有石橋一與上橋同路五十七里蘇通溝屯六十里蒐登站街七十里賈家河子八十里伊拉齊街街東西有石橋各一九十里汪家屯一百里二道嶺子屯一百有五里楊把什屯又碾盤溝屯一百一十里雙橋子屯一百一十五里朱家城子街西有聾龍河相接石橋四一百二十里岔路河街街中有大木橋一一百二十五里馬家屯又老虎林子屯一百三十里五里河子街街中有五里河石橋一一百四十里伊勒們站街街西有伊勒們河渡口一又金家屯又小河沿屯一百四十五里任家屯一百五

十里下河窪屯一百五十五里長嶺子屯一百六十里靠山屯一百七十里拉腰子屯一百七十五里五間房屯一百八十里五花頂子屯一百九十里宋家屯二百里雙陽河街即蘇瓦延站有雙陽河渡口一及大橋二二百有五里小龍王廟屯二百一十里蓮花泡屯又二百一十里紅土崖子屯二百一十五里老虎磖子屯二百二十里石灰窯子二百二十五里常家溝二百二十八里三家子二百三十里石頭河子屯屯東有石頭河大橋一並上津梁皆通伊通州大路以上誠信社

正西迤北距城二十七里土門子屯五十五里張花嶺

屯六十里前蒐登河屯七十里楊木林子屯八十五里大乾溝子屯九十里白旗營子九十五里後伊拉齊屯九十八里望旗屯一百里大荒地屯一百五里三道嶺屯一百一十里馬興屯一百一十五里桂兒彰嶺屯一百二十里拉拉街又金家窪子誠信社一百二十三里呂家窪子一百二十五里花家屯屯北有岔路河渡口一有大橋一東一百二十八里三興店一百三十里頭山屯一百三十五里官廳屯有岔路河渡口一一百四十里後腰屯有伊勒們河渡口一一百四十三里前腰屯一百四十五里石灰窯子一百四十六里小東屯一百四十八

里牛頭山屯一百五十里三興店屯一百五十六里藍旗河屯一百六十里沙家燒鍋一百六十五里賈家店一百七十里西官地屯一百八十里新安堡街有渡口一一百八十五里營城子一百九十里方家橋屯即北大橋屯有大橋一並以上津梁俱通長春府等路一百九十二里黃家店一百九十五里烏龍泉屯一百九十八里姚家城子又回回營二百里二道哈塘屯二百一十里潘古屯又李家屯朱家大屯二百一十五里蛇嶺口子屯二百二十里後溝屯二百三十里古家屯二百四十里尖山子屯以上尚禮社

西北距城十二里廟兒嶺十六里孤家子二十里炮手屯二十四里荒山屯三十里寇家屯又庫爾屯三十五里張九屯四十里洪托瞎屯四十五里煙台木溝屯五十五里柳樹屯五十六里何家窩堡五十八里青松屯六十里五家子六十二里瞿家窩堡六十三里喬家屯六十六里漂洋屯屯中及南北有木橋各一七十里樺皮廠街街中有大橋一並上橋梁俱通伯都訥廳長春府路又董家屯七十二里唐家屯七十三里三家子七十五里靠山屯七十八里團堡子八十里興隆溝屯以上克勤社八十二里山嘴子屯八十五里徐家窩堡八十八里正白旗馬

廠九十五里暖泉子屯一百里臭李子樹屯又八家子屯一百五里碾子溝屯一百一十里孤家子屯一百一十五里楊樹河子一百二十里前央屯一百二十五里梨樹灣子屯一百三十里河南屯街以上永智社一百三十五里尤家屯一百三十六里五榆海浪屯一百三十八里宋家溝又羅圈溝屯一百四十里姚家溝一百四十二里荒山屯又王相公屯一百四十五里拉腰子屯以上尚禮社又余家屯一百四十八里萬家溝又田家屯一百五十里丁家屯一百五十二里康家屯又太平溝屯又火石嶺屯一百五十三里楊

家屯又曹家屯一百五十五里葦子溝街又煤窯屯一百五十八里二道溝街一百六十里頭道溝屯又九台邊屯一百六十二里泉眼溝屯又靠山屯一百六十五里二道林子屯一百六十八里八棵樹屯又椴樹林子屯一百七十里大房身屯又七台邊屯一百七十五里八台邊屯（以上永智社）

西北（迤西）距城六十里腰蒐登河屯又乾溝屯六十五里藍旗屯六十六里後蒐登河屯六十八里官地屯七十里偏臉子店七十二里馮家嶺屯七十五里閻家店八十里楊家大橋屯（中有大橋一）九十里復興屯九十

二里腰堡屯九十五里速道灣屯一百里胡家屯又大林家屯一百五里駱家店一百一十里將軍屯一百一十五里二官地屯一百二十里唐家屯又廟嶺屯一百二十六里三官地又清水泉子屯一百二十八里林家屯以上克勤社一百三十里波泥河子屯屯中有大橋一百四十里石窯子屯一百五十里孫家灣一百五十五里董家屯一百五十八里北營城子街又邵家溝屯一百六十里房家城子又雜木溝屯一百六十五里四家子屯又板子窩堡一百六十八里趙家屯一百七十里范家屯屯東有伊勒們河渡口二一百七十二里

劉家屯一百八十里放牛溝屯一百八十二里冷家屯一百八十八里沈家屯一百九十里馬家二台二百五里馬家頭台屯東有大橋一二百一十里腰站屯二百一十五里掠草溝屯二百二十里邢家台二百二十五里小河台屯南有大橋一並上橋梁俱通長春府等路以上尚禮社

正北松花江西岸距城三里元天嶺屯十三里北沙河子屯十五里茶棚屯十八里二道嶺屯二十三里三道嶺屯二十八里舊站街街南松花江便渡口有大橋二三十一里三家子三十八里稗子屯四十二里下窪子屯四十五里南通氣屯有松花江便渡口四十八里北通氣屯有松花江渡口

五十五里新立屯五十八里哨口屯有松花江官渡口六十里小巴虎屯六十五里聶司馬屯有松花江官渡口以上永智社七十里土城子七十五里西門多河屯七十六里三岔口屯八十里打魚樓屯有松花江官渡口以上克勤社八十五里韓家屯又後岡子屯九十里錦州有松花江渡口郎金珠鄂佛羅九十五里汪家屯一百里博爾河通屯有松花江渡口一百五里石家屯有大橋一一百一十里冷棚屯又塔空屯一百一十五里秋家屯一百二十五里江心口子有松花江渡口一百三十里下窪子屯一百四十五里哈什瑪屯一百五十里泡子沿屯有松花江渡口一百六十里二道溝

屯一百六十五里張家窯屯一百七十里江灣屯一百七十五里于家窯一百八十里三台邊一百八十五里史家大屯一百八十八里樺樹嘴子一百九十里四台邊屯一百九十五里大干溝子屯一百九十六里黃家邊屯以上永智社

正北松花江西岸迤西距城十五里頭道溝屯十八里二道溝屯二十里三道溝屯二十五里四道溝屯三十四里頭台子四十里下窪子屯四十三里二台子四十六里三台子五十里高家窩堡五十八里四台子六十二里小巴虎屯六十八里土城子七十里大荒地

街屯南有大橋一七十三里洛家屯屯南有大橋一七十五里四十家屯屯東有大橋一七十六里大五家子屯中有大橋一八十里崔家屯屯中有大橋一並上橋梁俱通樺皮廠木石河上河灣奇塔穆等街路九十里兩家子街一百里窩集口屯以上克勤社一百一十里秋家屯一百一十五里小碾子溝屯一百二十里蛇嶺屯一百二十七里尤家屯一百三十里木石河街一百三十五里稗子溝屯一百三十六里張家莊有大橋一百四十里東前央屯一百四十五里蜂蜜營屯一百四十六里哈什瑪屯一百五十里王家甸子屯一百五十里段家屯一百五十五里奇塔穆木街街西有大橋一

通伯都訥廳及長春府等大路一百六十里九溝十八崖屯一百七十里馮家屯一百七十五里高麗房屯一百八十里上河灣街一百八十三里安家溝屯一百八十五里閻家邊屯一百九十里六台邊屯一百九十五里五台邊屯以上永智社

正北松花江東岸距城十三里夷拉岡屯十五里七家子十七里哈達灣屯二十五里呢什哈站街二十六里旗盤街三十里五塊筏子屯三十二里大哈達灣屯三十五里口前屯有松花江官渡口四十里湯旺屯四十二里團山子溝屯四十四里按達木屯四十五里金珠

站街五十里南藍旗屯又東岡子屯五十三里舊屯五十五里前富拉哈通屯又南荒地屯五十八里後富拉哈通屯（有松花江官渡口）六十里啞叭屯又二道河子屯六十三里賈家崴子六十四里萬家屯（有松花江渡口）六十五里小古屯（有大橋一）六十七里太平溝屯七十里打牲烏拉城（俗呼烏拉街總管衙門駐此）七十二里舊街（即舊城）七十三里弓匠通屯七十五里大觀通屯七十六里郎家通屯七十八里曾家屯八十里李家屯八十二里侯家屯又盧家屯八十五里大場屯又趙家屯八十六里羅羅屯八十八里北藍旗屯又汪拉瑪屯九十里

舊站屯又望旗屯有大橋一九十二里薩爾巴哈屯九十六里前三家子有大橋一一百里後三家子一百二里大河屯一百五里老什屯一百一十里黃旗屯又四家子屯有大橋一一百一十五里老鸛窩屯一百二十里舒蘭河街有舒蘭河官渡口一百二十三里舒蘭河站俗呼溪浪站一百二十五里倉石屯一百二十六里舒蘭河口屯有松花江渡口一百二十八里狠窩屯又揚武達屯一百三十里雙陽通屯一百三十二里下窪子屯一百三十五里關家屯有大橋一一百三十六里大嘎雅河屯有大橋一一百三十八里擦爾巴屯有松花江渡口一百四十里三家

子一百四十二里新民屯又邵家溝屯一百四十五里大白旗屯街（有大橋一）又北岡子屯一百四十六里小孤家子一百五十里東孤家子一百五十二里小白旗屯一百五十五里潘家屯一百六十里西崴子屯（屯東有大橋一）一百六十三里神樹底下屯一百六十五里八棵樹屯又東崴子屯一百六十七里前江沿屯一百六十八里沙坨子屯又趙家屯一百七十里十里橋屯（有大橋一）一百七十三里七里橋屯（有大橋一迤北有五里橋一並上津梁俱東通五常雙城等廳西北通長春府北通伯都訥廳等路）一百八十里法特哈門街（即巴彥鄂佛羅邊門官站駐此街中有石橋一通伯都訥五常雙城等廳路）一百

八十五里五里坡屯又榆樹底下屯一百八十六里

門外屯一百八十七里秫稭橋子屯一百九十里楊

木林子屯一百九十二里黄魚圈屯屯北有松花江渡口西通長春

府北通五常雙城伯都訥等廳路　一百九十五里十里灣子屯一百

九十八里楊公道屯二百里魏家屯二百五里劉振

基屯二百一十里老河身屯以上永智社

東北距城二十五里口前街三十里大屯三十二里

哼洛街三十三里四間房屯三十五里六間房屯又

大官地屯三十七里五家屯又李家屯三十八里五

旗街又六糖房屯石嘴子屯四十里柳樹屯四十二

里金家屯又三家子四十三里下將密峯四十五里卡家屯又喀吧屯五十里曾起屯又下達汗溝屯五十五里趙家崴子五十六里四間房屯五十八里南荒地屯以上存儉社六十里南小荒溝屯六十五里葦塘溝大石礶子屯六十七里小荒溝屯七十里前阿勒屯七十五里後阿勒屯又團山子屯七十八里橫道河子屯八十里五代屯八十八里樺樹嘴子屯九十里老龍頭屯九十五里老邵溝屯又碾子溝屯九十五里土城子九十八里馬興嶺屯俗呼加板嶺一百里楊木林子屯一百四里黃毛屯一百六里哈瑪溝屯一

百一十里大康家屯又于家屯一百一十五里二龍山屯一百二十里後缸窯街一百二十五里窩集口子屯一百三十里老煤窯屯一百三十五里前缸窯屯一百四十里分水嶺屯一百五十里潘家東溝屯一百五十六里應得虎頂子屯一百六十里前亮甲山屯一百六十二里南大荒溝屯一百六十五里後亮甲山屯一百六十八里礦洞屯一百七十里北大荒溝屯一百七十二里下窪子屯又楊木林子屯一百七十五里季家屯又七里橋子屯有大橋一一百七十六里南珠子牌屯一百八十里兵馬荒屯又朱家林

子屯一百八十三里霍家溝屯又新開河屯一百八十八里頭台河西屯有喀薩河石橋一又四間房屯一百九十里頭台東大屯又樺樹溝屯一百九十四里蓮花泡屯一百九十五里八家屯一百九十六里二道岡屯一百九十八里頭道岡屯二百里北珠子牌屯二百五里馮家崴子二百一十里三道粱子屯二百一十五里楊樹泡子屯二百一十八里譚家窩堡又泥球溝屯二百二十里四道粱子屯二百二十五里蔡家溝屯二百三十里衣家溝屯以上永智社東北距城六十五里梅家溝九十里尤家屯鎮九十

五里荒溝屯存儉社一百一十里土門子屯一百二十里閙枝子溝屯一百三十里朱家林子一百三十五里新河屯一百四十里板子廟屯一百四十五里乾棒子河屯一百五十里大葦塘屯一百五十三里牛心頂子屯一百五十五里長嶺子屯一百六十里報馬川屯一百七十里上營屯一百七十五里八道嶺子街一百八十里下營屯二百里小城子官街二百五里西高麗墓屯二百一十里高麗墓屯即金貞憲王完顏公墓二百二十里黃深子屯二百五十里開元屯以上舒蘭

荒農字頭牌

東北迤東距城一百六十里大石頂子屯一百七十里
二道河子屯一百八十里搶坡子官街一百九十里
棒槌溝屯一百九十二里大嶺屯一百九十七里李
家窩堡二百里鍋盔頂子屯二百二里十五箇頂子
屯二百五里謝家大窩堡二百一十里石頭頂子二
百一十二里小老營屯二百一十五里韓家窩堡二
百二十里于家窩堡以上舒蘭荒夫字二牌
東北距城二百里天城街二百一十里富家屯二百
一十五里楊木岡屯二百二十里頭道滴達屯二百
三十里二道滴達屯二百三十五里一棵松屯二百

三十八里腰街二百四十里水曲柳岡官街即雙山堡街二百五十里獾子洞屯二百五十六里馬回回溝屯二百六十里青山堡二百六十五里朝陽溝屯二百七十里趙家屯二百八十里前開元屯二百八十二里中開元屯二百八十四里後開元屯三百里加皮溝屯三百五里薛家屯以上舒蘭荒耕字三牌

東北距城二百四十里太平山屯二百五十里長壽山屯二百七十里雙岔頭屯二百八十里霍家窩堡二百九十里靠山屯二百九十五里孫家街三百里珠旂口子屯三百五里富河屯三百一十五里螞蟻

頂子屯三百二十里紅石磖子屯三百二十五里前歪頭磖子屯三百二十八里天合地局屯三百三十里後歪頭磖子屯三百三十五里松樹溝屯三百四十五里白石磖子屯三百五十五里芹菜河屯三百五十八里七箇頂子屯三百六十里大青嘴子屯三百六十五里金馬駒子川屯以上舒蘭荒結字四牌

伊通州

東至石頭河子吉林府界五十里　西至威遠堡邊門奉天府開原縣界二百八十里　南至大黑頂子奉天海龍廳界三十餘里　北至伊通邊門長春府

界八十五里　東南到四間房吉林府界四十五里　西南到黑瞎子背嶺奉天海龍廳界三十八里　東北到小河台邊壕吉林府界一百三十里　西北到二十家子邊壕奉天府懷德縣界九十五里　東西廣三百三十里南北袤一百一十五里東北至吉林府二百八十里

屯鎮　津梁附

正東距州里許郭家屯（屯西有伊通河官渡口）十里黑達屯十五里均勻堡二十五里伊巴丹站（俗呼驛馬站）街（街西有伊巴丹河官渡口及大橋一並上渡口通吉奉兩省路）三十二里老爺嶺屯四十里

大營子四十五里三家子

東南距州七里董家屯二十二里土門子屯三十里偏臉子屯三十五里打茶溝三十八里新屯四十五里四間房

正南距州二里竇家屯三里沈家屯八里高家屯十里亮子屯十五里團山子屯三十里大黑頂子屯

西南距州五里傅家屯十二里沈家屯二十五里團山子屯以上誠信社

正西距州三里宋家窪子八里興隆店子二十里乾溝子屯三十五里大孤山鎮西有大孤山河渡口誠信社四十六

里楊樹河子屯五十六里三道岡子屯六十二里頭道溝屯六十五里莊家屯六十八里賈家屯七十五里小孤山鎮街西有小孤山河渡口及大橋一七十五里瓦房溝屯八十三里拉腰子屯八十六里安家屯九十里赫爾蘇鎮西有赫爾蘇河渡口一百五里大孤家子一百一十里小孤家子一百二十五里火石嶺子鎮一百四十里十里堡一百五十里莫額布占鎮一百六十里横道河子屯屯東有横道河子渡口通奉天開原縣路一百七十五里葉赫鎮一百八十里半拉山鎮一百八十五里紅花甸子屯一百九十里楊木林子屯二百里孤榆樹鎮二百五里

那溝屯二百一十五里北大嶺屯二百三十里綿花街鎮二百三十六里歡喜嶺二百四十里茶棚菴二百五十里鎮北堡二百六十里前城子二百七十里二道河子屯屯東有扣河便渡口通奉天開原縣路二百八十里威遠堡邊門由義社

正西迤北距州八十五里北大嶺屯九十里老牛會屯九十五里蘇爾蘇邊門一百里張家溝屯一百一十里黄米溝屯一百一十五里程家屯一百一十八里四台大溝屯一百二十里穿心店屯一百二十五里四台子鎮一百二十六里雲盤溝屯一百三十里土

門子屯一百三十五里上三台屯一百四十里三家子屯一百四十五里劉家屯一百五十五里疙瘩嶺子屯一百六十五里下三台鎮一百七十五里塔子溝屯一百八十里二道嶺屯一百八十五里猴石屯一百九十里老虎洞北溝屯一百九十三里艾家溝屯一百九十四里營城子街一百九十六里上二台屯二百里何家嶺屯二百一十五里下二台鎮二百二十里高台子屯二百三十里北大溝屯二百三十四里羅家溝屯二百三十六里葦子溝屯二百五十里石虎子屯二百五十五里長嶺子屯二百六十里

靠山屯二百六十二里太安山屯二百六十八里十八家子二百七十里沙河子屯二百七十五里臭水甸子

西北距州八里西尖山屯十四里關家屯誠信社三十五里馬鞍山鎮四十三里楊家屯五十二里房身溝屯六十里莫里青屯六十五里侯家屯六十六里靠山屯七十里劉家屯七十五里范家屯八十里趙家屯八十五里岳家燒鍋八十八里放馬溝屯九十里陳家屯九十二里二十家子屯屯西有赫爾蘇河渡口通赫爾蘇邊門路

尚禮社

西北迤北距州三十五里溝口屯（誠信社）四十五里放牛溝屯五十里丁家溝屯六十里漲滿溝屯七十里五台子鎮八十里景家台鎮九十五里孫家台子九十五里赫爾蘇邊門（尚禮社）

正北距州里許范家屯（有伊通河官渡口並大橋一）八里劉屠戶屯二十里袁家大橋（有大橋一）二十二里金家哨（有伊通河渡口並上津梁俱通伊通邊門及赫爾蘇邊門等路）二十五里雙廟子（誠信社）二十六里橫道山子屯三十八里于家岡子屯四十六里莊家油房六十里勒克山鎮八十里大南屯八十五里伊通邊門（尚禮社）

東北距州八里東尖山屯十二里霍家店屯十六里氊子房屯二十五里大營子屯二十八里雙榆樹屯三十里成合店屯五十里夾信子屯七十五里大頂子屯八十里闞家店八十五里二道哈塘屯九十里奢嶺口子屯一百二十里小河台社尚禮

磨盤山分州

東至呼蘭河吉林府界八十餘里　西至金眼屯奉天海龍廳界五十餘里　南至欒家屯奉天府海龍廳界五十里　北至小城子封堆吉林府界九十里

東南到那爾轟嶺圍山界一百九十里　西南到

亮子河奉天府海龍廳界四十里　東北到驛馬泊
子封堆吉林府界一百十里　西北到大夗屯吉林
府界一百二十里　東西廣一百三十餘里　南北
袤一百四十里　西北至伊通州一百八十里　東
北至吉林府三百六十里

屯鎮津梁附

正東距城十五里喜安屯二十五里通順屯三十里
陳家屯崇信社四十五里白家屯五十里鶯嘴屯五十
六里小富太屯六十里富太屯六十二里都嶺屯六
十五里三道岡屯六十八里榆樹屯七十里獨立屯

七十五里朱奇屯八十里呼蘭屯仁惠社

正東迤南距城三十里龍灣溝屯崇信社六十里亂泥屯

六十五里鮎魚屯六十八里長岡子屯七十里富太

河口屯有輝法河渡口八十里承福屯九十里黑石頭官街

有輝法河渡口一百里豬嘴磯子屯屯南有輝法河渡口一百一十里

呼蘭河口屯有輝法河渡口一百二十里拉河口屯有輝法河渡口

一百二十五里張家崴子一百三十里大生屯一百

三十五里永恩屯一百四十里蘇墨屯一百五十里

承恩屯一百五十二里公畢拉河屯有輝法河渡口一百六

十五里受恩屯一百七十五里奉恩屯一百八十五

里東夾信子屯仁惠社

東南距城八里七箇頂子屯十五里巽山屯崇信社二

十二里興立屯二十五里長興屯三十二里佟家屯

三十八里西林屯智敏社四十六里黄瓜架溝五十八

里申家屯六十里欒家網屯六十五里石頭河屯七

十五里茶餞嶺屯七十八里都林屯八十五里五道

荒溝屯九十里四道荒溝屯九十六里三道荒溝屯

一百里二道荒溝屯一百五里頭道荒溝屯一百一

十里積德屯一百二十五里智德屯一百三十五里

大隆屯一百五十里大興屯一百七十里大旺屯仁惠

社

正南城外有當石河大橋三距城八里七箇頂子屯十里林家屯三十里當石屯三十五里茶條屯三十八里太平屯四十四里盧家屯四十六里茶條崴子屯五十里欒家網屯迆南有輝發河托佛畢拉渡口通奉天海龍廳路

正南迆西距城三十里帽兒山屯三十五里朝陽堡四十五里横河屯四十六里靠山屯

西南距城六里當石河屯有當石河羅鍋橋一十三通伊通州路二十里寶山屯十八里一步嶺屯二十里長興屯三十里鍋盔山屯四十里亮子屯有亮子河大橋一通奉天海龍廳路以上崇信社

正西距城里許永安屯有當石河大橋三通伊通州及海龍廳等路八里
螞蟻塡子屯十二里占多屯十八里紅土屯二十里
拐子坑屯二十五里福安屯三十里黃酒館屯三十
五里常安屯四十里大坑屯四十六里泉眼屯
西北距城六里偏人洞屯二十里馬鬃屯二十五里
太平屯三十五里興隆屯四十里大安屯五十里德
勝屯五十五里橫山屯五十八里快等溝屯六十里
隆旺屯七十里北占多屯八十里朝陽山鎭街南有吉奉分
界小沙河大橋一及吉奉交界牌一道八十五里義合屯八十八里黑
魚屯九十里平安屯一百里三壕屯一百五里榆樹

屯一百一十里板石廟屯一百一十二里四方台屯一百一十五里平安屯一百一十六里腰水屯又草皮溝屯一百一十八里廟兒屯又横河屯一百二十里大宛屯以上温恭社

正北城外有當石河大橋三通吉林府小城子等路距城十五里蕎麥楞子屯十八里林家屯二十里治安屯二十三里楊木岡屯四十里餘慶屯四十五里紅石磖子屯六十里賈家磖子六十五里八棵樹屯六十八里發科屯七十里磚廟子屯七十五里吉慶屯七十八里福興屯八十里蛤螞河屯有大橋三通吉林府路八十五里金家屯

正北迤東距城三十里石嘴屯四十里松樹屯五十里永吉屯五十五里馬達屯八十里梨樹屯一百里雙

馬架鎮

東北城外有當石河大橋三通伊通州路距城二十里黃瓜屯二十八里水曲柳甸子四十五里土頂子屯五十里四方屯六十五里老牛屯七十里石河屯七十五里孤家子屯八十里新安屯九十里伊勒們屯一百里向陽屯一百一十里驛馬泊子有驛馬河渡口通吉林府等路　以上寬馭社

敦化縣

東至馬鹿溝屯一百一十里甯古塔界　西至⿰舟咸⿰舟虎

嶺吉林府界一百八十里　南至大秫稭嶺琿春界一百四十里　北至小白山俗呼洋白山　五常廳界一百六十里　東南到哈爾巴嶺琿春界一百里　西南到帽兒山吉林府界一百二十里　東北到都林河口甯古塔界一百四十里　西北到嵩嶺俗呼張廣才嶺　吉林府界二百二十里

東西廣二百九十里　南北袤三百餘里

西北至吉林府六百里

屯鎮津梁附

正東距城二里敖東鄉迆東一里有牡丹江官渡口通琿春城路　七里江

崴子屯（屯東有牡丹江官渡口北通額穆赫索羅鎮路）九里葦子溝屯十八里大豬圈屯二十四里涼水泉子屯三十五里頭道梁子屯三十八里黃土腰子屯四十四里三合店（以上敖東鄉）四十五里沙鎮鄉四十八里二道梁子五十里長春堡六十五里三道梁子七十里沙河沿八十里富家亮子八十五里四道溝屯九十里乾溝子屯九十五里夾皮溝屯一百里二道溝屯一百五里頭道溝屯一百一十里馬鹿溝屯（沙鎮鄉）

東南距城二十五里沙河鎮（有沙河渡口）三十里興隆川屯三十五里小石頭河屯五十里三道河子屯（有沙河渡）

口六十里南黃土腰子以上敖東鄉六十五里大石頭河屯七十里孤山子屯七十五里東涼水泉子屯屯東有沙河子大橋一並上渡口俱通哈爾巴嶺琿春等大路九十五里天德店以上沙鎮鄉

正南距城十里劉家屯三十五里大石頭河屯四十里李家屯屯北有牡丹江渡口並上渡口俱通哈爾巴嶺琿春等路五十里萬發溝屯五十五里三道河子屯七十里大荒溝屯七十五里懷德鄉八十五里頭道河子屯一百里雙廟嶺屯懷德鄉

西南距城三十里太平山屯四十里大興川屯四十五里城山屯五十五里牡丹川屯七十里大牌樓屯

八十五里韓允溝屯九十里三道溝一百里小夾皮溝一百一十里四道溝一百二十里帽兒山屯懷德鄉正西距城五里新立屯十里官屯十二里小石頭河屯十八里朝陽屯二十五里四合川五十四里城山鄉六十里小青山屯七十里朝陽堡八十里小牌樓屯城山鄉西北距城三十里興隆河屯四十里臭李子溝五十里城場溝屯六十三里朝陽河屯九十里炮手營一百里宋家店以上城山鄉一百一十里小舢舨嶺屯一百二十里四馬架屯一百三十里黃花松甸子一百四

十里大沙河屯有沙河渡口通⿰舟威⿰舟虎嶺吉林府大路一百五十里小沙河屯一百六十五里清茶館屯一百八十五里大⿰舟威⿰舟虎嶺義氣鄉

西北迆北距城五十里小平山屯七十五里牡丹岡屯一百一十里保合山屯城山鄉一百四十里朱爾多轟屯一百五十里樺樹林子屯一百六十里北大秧溝屯屯西有朱爾多河渡口通蒿嶺吉林府路一百七十里伊奇松站屯一百七十五里伊奇松甸子屯一百七十六里窩集口子屯一百八十五里黃花松甸子屯一百九十里南天門屯二百里馬架子屯二百一十里石頭廟屯二

百二十里張廣才嶺屯義氣鄉
正北距城十五里葦子溝屯二十五里後葦子溝屯四十里橫道河屯五十里雷風溪河屯六十五里蝦蟆塘河屯八十五里高麗城子九十里黑石屯一百里柳樹屯以上城山鄉　一百一十里蘇子河屯一百一十五里義氣鄉一百二十里龔家店屯一百三十里額穆赫索羅鎮有額穆索河河渡口東通塔拉站西退摶站北通五常廳等路　一百四十里十里堡一百四十二里滴達嘴子屯山海稅局駐此　義氣鄉
正北迤東距城四十里馬圈子屯五十五里通溝嶺屯

六十五里通溝鎮有沙河子渡口以上沙鎮鄉七十八里四大門屯九十里叉魚河屯一百里江家店一百一十二里富海店屯屯西有牡丹江渡口一百一十五里三岔口屯屯南有牡丹江渡口並上渡口俱通額穆赫索羅鎮路一百一十八里橋頭屯一百二十五里靠山屯一百三十二里鳳凰甸子屯一百四十里鬮門嘴子屯以上東關鄉

東北距城十八里水灣子屯二十里前葦子溝屯三十里後葦子溝屯三十三里北黃土腰子屯四十里孤山屯五十里神仙洞屯六十五里前石湖屯以上沙鎮鄉

七十里黑背嶺屯七十八里後石湖屯屯北有沙河子渡口

八十里八棵樹屯八十二里楊家屯八十五里東關

鄉八十八里團山屯九十五里官地屯一百里柳溝

河屯一百一十里小荒溝屯一百一十五里鷹架子

溝屯迤北有牡丹江渡口一百二十里荒溝屯一百二十五里

東江沿一百二十八里小江崴子屯一百三十里黄

家屯一百三十五里楊家橋子屯迤東有都淩河渡口並上渡口俱通

寗古塔路

以上東關鄉

吉林通志卷十六

輿地志四　疆域中

長春府

東至松花江東岸伯都訥廳界二百八十五里　西至白龍駒奉天昌圖府界三十五里　南至伊通邊壕吉林府界五十五里　北至兩儀門農安縣界一百二十里　東南到望坡山吉林府界二百八十里　西南到伊通邊門伊通州界五十五里　東北到紅石磖子松花江伯都訥廳界三百里　西北到十二馬架子西奉天懷德縣北農安縣界三百里　新纂吉

林外紀二東至穆什河一百九十里西至巴彥吉魯克山四十里皆蒙古界南至伊通邊門十五里吉林界北至吉家窩鋪一百七十二里蒙古界

東西廣三百二十里　南北袤一百六十五里

東南到省二百四十里

屯鎮津梁附

正東門外有伊通河大木橋二通會城及東卡倫等大路距城五里五里堡八里八里堡十二里趙家店屯十五里于家店屯二十一里安龍泉屯二十五里趙家店屯三十一里興隆溝屯三十八里薛家窩堡四十八里金錢堡五十五里東卡倫鎮街東有霧海河渡口通瓦銅溝及雙廟子等路　撫安鄉六十五

里賈家屯九十里白家崴子一百里郎家店屯一百二十里龍王廟屯屯東有驛馬河白家船口通岔路口及東城子等路一百三十里迷湖鎮屯屯西有驛馬河全家船口通大青嘴及東城子等路一百四十里雙廟子鎮一百五十里三棵樹屯一百六十里新立屯一百六十五里瀋陽窩堡沐德鄉一百六十八里崔家船口屯屯西有驛馬河渡口通岔路口南城子等路一百七十里大榆樹林子一百七十五里大青嘴子鎮一百八十里姜家店二百里長嶺子屯二百一十里橫道溝屯二百二十五里楊家大橋二百五十里太平溝二百五十五里夾信子屯二百六十三里石虎溝屯二百七

十里蓮花泡屯二百八十里岔路口村懷惠鄉

正東迆南距城五十三里賈家店五十五里六家子八十里齊家店一百里瓦銅溝村一百五十里孫家甸子沐德鄉

正東迆北距城四十里太平山屯六十里小青嘴屯八十里天吉屯一百里鮑家溝街一百六十五里王家船口屯西有驛馬河渡口通東城子岔路口等路懷德鄉二百五十里朝陽堡二百六十里長岡子屯二百七十五里岔路口街街東有松花江渡口通伯都訥廳大路

東南距城里許公盛店屯十五里靠山屯二十五里

平安堡三十里楊家店屯四十里臭水坑屯五十里賈家店屯五十五里六家子六十里西龍王廟屯屯東有霧海河渡口撫安鄉七十里齊家店屯九十里高家店一百一十里老燒鍋屯屯東有驛馬河劉家船口並上渡口俱通會城及南城子等路沐德鄉一百三十里狠洞子屯一百五十里控銅溝村一百七十里葦子溝屯一百八十里梨樹園子屯二百三十里東城子鎮二百五十五里南城子鎮二百七十里馮家店屯二百八十里望波山屯屯東有松花江渡口通伯都訥廳等路懷惠社

正南距城里許許家店屯屯北有伊通河大木橋一五里蕭家店

十五里刁家河口有伊通河渡口並上渡口俱通伊通州路恆裕鄉十八里

逯家瓦房二十一里三家子二十三里吴家店三十

里十里堡三十五里八里堡四十里新立城鎮撫安鄉

正南迤西距城二里南嶺屯二十里王家店屯三十里

孟家堡三十六里五里橋屯恆裕鄉

西南距城里許河溝西屯屯東有護城壕大橋一通西南一帶大路二里

西嶺屯五里朱家大屯十五里大房身屯二十五里

長春堡三十五里項家店屯五十里大嶺村五十五

里賈家屯恆裕鄉

正西距城里許雙橋子西屯屯東有護城壕溝道口左右大木橋二通白龍

駒大路十里十里堡二十里二十里堡三十五里白龍
駒鎮即豐富山屯恆裕鄉
西北城外有護城壕大橋一通燒鍋鎮等路距城一里王瓜溝屯六里
杏花村八里大房身屯十八里樊家店屯十九里蓼
家油房屯三十里四閒房屯三十二里于家嶺屯三
十八里紀家粉房四十五里三家窩堡五十里黃家
堡五十五里黃家馬架屯恆裕鄉六十里翁克屯七十
五里燒鍋甸鎮八十里五大戶屯九十五里八大泉
眼屯一百一十里長嶺子屯一百一十八里楊家店
屯一百二十六里滿家店一百三十五里大青山屯

一百四十里二青山屯一百四十八里土門子屯一百五十八里破夢岡屯一百七十里雙城鎮二百里丁家屯（夾荒）

西北（池北）距城三十里馬家窩堡六十五里邵家店屯一百里朱家大屯（恆裕鄉）一百一十里放牛窩堡一百三十里馬家窩堡一百五十五里裕通福屯一百九十里朝陽堡二百五里小朝陽溝屯二百一十里五道泉子屯二百二十里蓮花山屯二百二十八里五家大屯二百三十五里哈拉溝子屯二百四十一里存金堡二百五十七里龍頭山子屯二百六十八里

三仙堡屯二百七十七里杏木岡屯三百里十二馬架子村三百一十二里管家窪子三百二十里宮家柏溝屯夾荒

正北城外有護城壕大橋一通庫金堆小合隆等鎮大路距城一里樂亭屯二里頭道溝屯十里四道溝屯十八里吳家店二十里蓋家窩堡二十五里謝家店屯三十三里小城子屯三十八里呂家店屯四十二里田家窪子四十五里後興鎮五十里庫金堆鎮迤東有伊通河渡口通萬寶山鎮等路五十五里孫家店屯六十里小合隆鎮六十五里小八家子屯七十里朱家店屯七十五里三家子屯八十里

叽啦草溝屯九十里雙榆樹屯九十五里東河套屯九十八里何家窩堡一百里老成窩堡一百五里大房身屯一百一十里王家窩堡一百一十五里趙家店屯一百二十里兩儀門村以上恆裕鄉

東北大北門外有大橋一通東卡倫萬寶山等鎮路距城八里八里堡二十里梁家店屯三十里太平山屯三十五里荒山堡四十二里大青嘴屯五十里興隆泉屯七十里萬寶山鎮七十八里朱家店屯八十一里天吉村九十五里鮑家溝村一百里二十里堡一百一十里劉家城子一百二十里唐家店屯一百二十六里董家店屯一

百三十里林家店屯一百四十里郭家屯鎮一百四十五里三道岡子屯一百五十五里馬家城子一百六十五里卜家窩堡一百七十里太平莊鎮街東有驛馬河宣家渡口通松花江老牛道飲牛坑樟樹口各渡口路　撫安鄉二百里蓮家溝鎮二百一十七里十二馬架子村二百三十里公興隆屯即燒鍋溝屯二百六十里老牛道船口屯有松花江渡口二百六十七里飲牛坑船口屯有松花江渡口三百里紅石磖子屯有松花江樟樹官渡口並渡口俱通伯都訥廳農安縣等路　懷惠鄉

東北迤北距城三十里曲家窩堡四十八里高家店屯六十里江家店屯七十五里七馬架屯八十五里朱

家店屯一百一十里朱家城子鎮分防照磨廳駐此一百四十里雙山子村一百六十五里卧虎泉屯一百八十里洪家亮子屯一百八十七里黑坎子屯東有驛馬河渡口通松花江樟樹官渡口路撫安鄉一百九十二里夏家店屯二百二十里大房身屯懷惠鄉

農安縣

東至紅石礶子松花江伯都訥廳界一百二十里

西至麋子廠蒙古郭爾羅斯公界二百一十里　南至兩儀門長春府界四十里　北至張家店蒙古郭爾羅斯公界九十里　東南到常家店長春府界十

五里　西南到八寶戸屯西奉天懷德縣南長春府界一百八十里　東北到八里營子松花江伯都訥廳界一百三十里　西北到夏家窩堡蒙古郭爾羅斯公界一百二十五里

東西廣三百三十里　南北袤一百一十里

東南至長春府一百四十里

屯鎮津梁附

正東距城四里兩家子屯屯東有伊通河大橋一　十四里榛柴岡屯十七里好來寶營子三十五里拉拉屯農康社六十五里萬金塔鎮七十里孤榨安屯八十里紀家店

村九十里靠山屯鎮分防巡檢駐此屯南有伊通河渡口通長春府路　農勤社一百五里拉馬營子一百二十里江南鎮屯東有松花江官渡口通伯都訥廳大路　農裕社

東南距城十里常家屯有伊通河便渡口通長春府路　農康社

正南距城五里温家岡屯屯南有大橋一通兩儀門路八里六間房屯十五里二道岡屯三十里兩儀門屯有伊通河渡口通長春府路　農康社

西南距城二十里白家岡子屯二十二里長山堡三十里太平嶺屯三十五里老邊岡屯三十八里華家橋屯四十里齊家窯窩堡四十八里老龍地六十里

杏水窩堡八十五里新開河屯一百里榛柴岡屯一百一十里柳條泉子屯一百一十五里趙八虎屯一百三十里龍鳳山屯農治社一百六十里黑泉眼屯一百七十里拉拉屯一百八十里八寶戶屯農平社

正西距城五里五里界屯八里八里莊十二里小橋子屯二十里狼洞子屯二十八里天成店屯四十里白家岡子四十五里雙山子屯六十里巴家壘鎮農惠社七十三里凹中高屯八十五里白土崖子屯九十里對龍山屯九十五里龍王廟屯一百里龍頭山村農治社一百二十五里太平山鎮一百四十里三節地

屯一百六十里三仙堡村農平社一百七十三里六家子屯一百八十里寸金堡二百六里馬架屯二百一十里糜子廠屯農略社

正西迤北距城九十里偏臉子屯一百一十里伏龍泉屯農新社一百二十里吳家大屯一百三十里沈家窩堡一百六十里安家窩堡農平社一百八十里蒙古屯二百里朱克山屯二百一十里團山子屯農略社

西北距城十五里麒麟山屯二十五里放牛溝屯有大橋一通架克蘇台大路五十里江東窩堡六十里架克蘇台鎮七十里偏臉子屯八十里石頭岡屯九十里安躭窩

堡農祥社一百里白土崖子屯一百一十里温德溝屯
一百二十里波羅甸子屯一百二十五里三青山屯
一百三十里夏家窩堡農新社
正北距城八里八里堡二十里興隆鎮三十里火石
嶺子屯四十五里大窪屯六十里哈啦海城子鎮農惠
社八十里潘家窩堡迤西又富餘溝屯八十五里大
韓家房屯迤西又榆樹坨子屯九十里張家店屯農儉
社
東北距城五里五里界屯二十里北兩家子屯二十
五里雷家店屯三十五里舊城基屯農儉社五十里葦

子溝屯六十里高家店鎮六十三里太平橋屯農樂社七十五里蘇家坨子屯八十里黃花岡屯八十五里富莊台屯農豐社九十里財神廟屯九十五里大榆樹屯一百里卜魁溝屯一百一十五里鴨兒汀屯一百三十里八里營子屯北有松花江青山口官渡口通伯都訥廳蒙古界等路農和社

伯都訥廳

東至拉林河原作淶流河即蘭陵河五常廳界六十里　西至松花江蒙古郭爾羅斯公界三百六十里　南至巴彥鄂佛羅邊門即法特哈邊門外荒山嘴子吉林府界九十里　北至拉林河雙城廳界八十里　東南到涼水

泉子屯吉林府界一百二十里　西南到松花江紅石磖子長春府界七十里到松花江西紅石磖子渡口農安縣界一百五十里　東北到拉林河五常廳界一百里　西北到拉林河雙城廳界一百里到松花江之三岔口北黑龍江呼蘭廳西蒙古郭爾羅斯公界四百里

東西廣四百二十里　南北袤一百七十里

南至省城二百七十里

屯鎮伯都訥城及津梁附

正東距廳十里新橋屯有大橋一十五里紀家橋屯有卡岔河

大橋一二十里劉家屯二十五里于家橋屯有二道河大橋一東通五常北通伯都訥等廳路二十六里城子屯三十五里楊樹林子屯四十里後復興屯四十五里古井子屯五十里大房身屯五十二里向陽泡鎮五十五里雙窩堡屯六十里五家窩堡迤東有拉林河渡口通五常廳路　以上八豐社

東南距廳十二里王家屯三十里卡岔河屯三十五里九富屯四十里朝陽屯五十里孤井子屯五十二里二道河屯有大橋一通法特哈邊門五常廳等路五十五里新立屯六十五里雙廟子屯七十里興隆鎮八十里土橋子鎮八十五里四十戶屯九十里義合屯一百里長發

屯一百二十里涼水泉子屯

東南迤南距廳四十里馬瞎子屯五十里大新立屯鎮六十里長嶺子屯七十里下八家子屯七十二里黑林子鎮七十五里兩家子屯七十八里柞樹林子屯八十里太平川屯八十五里老邊屯八十八里謝家屯九十里泥鰍溝屯九十五里老廟口屯有二道河大橋一通吉林府六道荒伯都訥廳等路一百里趙家屯一百一十里老爺嶺屯

正南距廳十里興隆店屯十五里五間房屯十八里胡家屯三十里馬家窩堡三十五里馮家屯四十五

里和尙窩堡五十里周娘娘屯五十五里懷家窩堡五十八里王卯屯六十里炮手屯六十五里于家屯七十里安家窩堡七十五里營城子鎮八十里荒山嘴子屯

正南迤西距廳二十里四間房屯三十里柳河溝屯四十五里高家窩堡五十里後溝屯五十五里耿家窩堡六十五里大坡鎮七十里登伊勒哲庫站街俗呼秀水甸子七十二里老媽屯七十五里腰甸子屯以上長興社

西南距廳十五里十家子屯二十五里六家子屯二十八里閔家屯鎮三十五里張奎燒鍋屯四十里楊

木匠屯五十里四吉溝屯五十六里白家店屯五十八里左家窩堡六十里于家寨六十六里高家店屯六十八里榆樹大屯七十里五棵樹鎮七十二里白家店屯七十四里卡路河屯有大橋一通盟溫站路七十五里紅石磖子屯屯南即松花江渡口通長春府路以上長興社

西南迤西距廳四十里西北地屯六十里柏家屯七十里水飯屯七十五里畢家堡八十里頭道溝屯九十里盟溫站街九十五里白土岩子屯一百里老牛道屯屯南有松花江渡口一百一十里八家窩堡一百一十五里平房屯一百二十里小五棵樹屯一百二十五里莫

力庫屯一百三十里飲牛坑屯屯南有松花江渡口並上渡口俱通長春府路一百三十二里八家子屯一百三十五里半拉城子一百四十里小孤榆樹屯一百四十五里快活林屯一百五十里西紅石磖子屯屯南有松花江渡口東通長春府西通農安縣路以上長興社

正西距廳十里新民屯十八里拉拉屯三十里孫家窩堡四十里雙井子五十里耿家屯五十五里長發屯六十五里萬發屯七十里興隆屯七十五里水合屯八十里四家子屯九十里大房身屯一百里北隆盛屯一百一十里邢家窩堡一百一十五里蓮子營

一百二十里七家子屯一百二十五里朝陽屯一百
二十八里于家屯一百三十里二十家子屯一百三
十五里曹家窩堡一百四十里陶賴昭站街一百四
十五里鮑家屯一百五十里大三家子街一百五十
五里六家子屯一百六十五里三棵樹屯一百八十
里舊官地屯一百八十五里榆樹林子屯一百九十
里遜扎保站街二百里蓮子溝屯屯南有松花江渡口通農安縣路
二百五里李家崴子二百一十里孟家崴子二百一
十五里田家崴子二百一十八里蓮花泡屯二百二
十里大孤家子屯二百二十五里網戶搭屯二百三

十里浩色站街二百四十里太平川屯二百五十里興隆堡二百五十五里十里樹屯二百六十六里卜家屯二百六十八里茶棚屯二百七十里官地屯二百七十五里魏家窪子屯二百八十里舍哩站街二百八十五里深井屯二百九十里小富康屯二百九十五里額勒庫屯二百九十八里小官地屯三百里大富康屯以上懷中社

正西迤北距廳七十里董家屯一百里弓棚子鎮一百一十里太平嶺一百一十五里雙井子屯一百二十里蘇家窩堡一百二十五里王家屯一百三十里杜

家平房一百三十五里趙家窩堡一百四十里石頭城子鎮一百四十五里方家燒鍋一百五十里榆樹溝鎮以上懷中社

西北距廳十二里獾子洞屯二十里楊樹溝屯三十里八岔溝屯四十里興隆屯六十里北朝陽屯七十五里老牛溝屯一百里八號荒鎮一百一十里馬家窪子屯一百二十里葦塘溝屯一百五十里柞樹岡屯一百八十里伊家店迤北有拉林河渡口通雙城廳路一百八十五里四方台屯一百九十里達子營一百九十五里長春堡鎮一百九十八里萬興屯二百里隆科城俗呼

龍虎城二百一十里瀋陽堡二百一十五里袁家堡二百二十里長春嶺屯二百四十里四合堡二百六十里五里坨子屯二百七十里蒙古卡倫屯二百八十里新店屯二百八十五里大發屯二百九十里苗盛屯二百九十三里孤店屯三百里前六家子三百一十里張家屯三百一十五里新立屯三百二十里雙堆子屯三百二十五里李家荒屯三百三十里大房身屯三百三十五里大窪屯三百四十里馬家窩堡三百四十五里十家子屯三百五十里達子屯三百五十五里素勒屯三百六十里潘家窩堡三百六十

五里一棵桃屯三百六十八里小錫蘭河屯三百七十五里大錫蘭河屯以上懷中社

西北迤西距廳一百五十五里榆樹屯一百六十里婁家屯一百六十五里西八家子屯一百七十里萬發屯一百七十五里王家屯一百八十里六里屯一百九十里萬家屯二百三十五里孤店屯二百四十五里雷發屯二百五十里池家窩堡二百六十五里前三家子屯二百七十五里桑家窩堡二百八十五里前朝陽屯二百九十五里楊家窩堡三百里大富達窰屯三百五里陳家窩堡三百一十里善家霍羅屯

三百一十五里戴家窪子三百一十六里小富達蜜屯三百二十里新屯三百二十五里東三家子屯三百三十里宫屯三百三十五里小城子街三百四十里大雅達琿屯三百四十二里善有屯三百四十五里靠山屯三百五十里老燒鍋屯三百五十五里敖家村三百五十六里兩家子屯三百五十七里賚老窩堡三百五十八里小雅達暉屯三百六十里伯都訥城副都統衙門分防巡檢廳駐此南門外有松花江官渡口南通蒙古郭爾羅斯公界東通農安縣等路以上懷中社

西北迤北距廳二百二十里伊家屯二百三十里水師

營屯二百四十里加靖溝屯二百四十五里岱吉屯二百五十里土什吐屯二百六十五里郎吉屯二百八十里達胡哩屯二百九十里嘎爾奇屯三百里孤家子屯三百一十里哈斯罕屯三百二十里土默街三百二十五里班達爾什屯三百二十八里拉拉屯三百三十里依哩丹屯三百三十二里尤家窩堡三百三十五里張家屯三百三十八里榆樹屯三百四十里中土屯三百四十五里哈郎德屯三百五十里查哈爾屯三百五十五里錫伯屯三百五十八里拉瑪屯三百六十里索倫屯三百六十二里雙屯子三

百六十五里八家子屯三百六十八里北岡子屯三百七十里羅斯屯三百八十里伯都訥站屯三百八十五里卦爾察屯迆北有三岔口混同江官渡口通黑龍江及蒙古郭爾羅斯公等路

懷忠社

正北距廳十五里老邊屯二十五里興隆溝屯三十二里偏臉子屯四十五里岳家屯五十里卡倫站街即蒙古喀倫站六十五里喬家屯七十里大嶺鎮以上八豐社

東北距廳二里金家屯五里商家窩堡十八里巴家屯二十里鄉約屯二十五里孫家屯二十八里團林子屯四十里卡倫屯四十二里舊縣屯四十五里于

家堡四十八里董家屯六十里藍家溝六十五里懷家溝六十八里北崴子屯七十里大崴子屯七十五里藍旗屯八十里灰菜溝屯八十五里青山堡鎮一百里牛頭山屯屯東有拉林河渡口東通五常北通雙城等廳路以上人豐社

賓州廳

東至螞蜒河東方正泡三姓界三百里　西至廟台子溝雙城廳界一百九十里　南至帽兒山五常廳界二百六十五里　北至松花江黑龍江呼蘭廳界三十五里　東南到亮子河甯古塔界三百餘里　西南到古城店雙城廳界一百八十里　東北到黃

魚圈三姓界一百八十里　西北到東馬廠甸子黑

龍江呼蘭廳界一百里

東西廣四百九十里　南北袤二百二十里

西南至省城六百三十里

屯鎮　阿勒楚喀城及津梁附

正東距廳五里葦子溝站屯八里大馬架屯有窪運河大橋

一十二里廟兒嶺屯二十七里黑瞎子溝屯三十里

丁家店三十三里色樹岡屯五十里空心溝屯五十

五里白旗屯六十二里枷板站鎮民社相七十里興利

屯七十二里蔭子屯七十四里炮手屯七十六里合

章屯七十八里盤鎗嶺集八十里馬家屯八十二里長春嶺屯八十五里長發屯八十八里横道子屯九十里大崴子屯一百一十三里北陶淇屯夾河社一百一十五里高麗帽子鎮俗呼萬福廣集一百二十五里廟兒嶺屯一百三十里魏銀匠屯一百五十五里腰嶺子屯一百六十里萬八愁川屯一百七十里魏家店一百八十里甬子溝屯一百八十五里周家店一百九十里張家窩堡敦信社一百九十五里二道河子屯二百里孫家店二百一十里三道河子屯二百二十里劉家店二百二十五里八里岡屯二百二十八里向

陽川集二百三十里南天門鎮俗呼萬合義集二百四十二里海家屯屯南有大橋一二百五十里北口子屯有松花江黑河子渡口二百五十五里腰口子屯有螞蜒河官渡口並上津梁俱通三姓等路

以上本仁社

正東南距廳十五里頭道河子屯四十里三岔河屯五十里馮家店六十里天發元屯六十八里老營口鎮民和社七十里鴨子岡屯七十五里德昌永屯七十八里何昌屯八十里大溝張屯八十五里小溝張屯九十里崇家窩堡九十五里和碩屯一百里湧盛源屯一百一十里劉家溝一百一十五里小三姓屯一

百二十五里天發全屯一百三十里孟家溝一百三十五里南陶淇屯一百四十里腰陶淇屯一百五十里柏家營一百七十里張家營二百里大林河屯二百一十里大嚴子屯二百二十里大柳樹河屯二百二十五里益升堂屯二百三十五里劉家台康平二社二百四十里馬家油房二百四十五里三合堡迤東十里有螞蜒河渡口通三姓等路二百六十五里復興和屯二百七十里拉拉屯二百九十里黃泥河集本仁社

東南距廳十二里小古城子十八里江西溝屯四十里腰三岔河屯四十五里東三岔河屯五十里元寶

河屯五十五里土頂山屯嘉樂社六十里曹家店七十五里楊木橋屯有大橋一東通九十五街北通加板站鎮等路八十五里王家屯九十里遼陽溝屯一百里九十五集一百二十五里梨樹溝屯一百三十五里喬家崴子一百四十五里槽子溝屯一百六十里陳家營一百七十里王家營一百八十五里徐家店二百里趙家店二百一十里三合屯二百一十五里曲家窩堡二百二十五里仁合公屯二百二十八里螞蜒河鎮亦名燒鍋甸分防巡檢廳駐此東南河沿有螞蜒河官渡口二百四十里南口子屯有螞蜒河黃玉河口渡口東北通亮子河口三姓等路二百四十五里平安堡二百四十

八里古城子二百五十里阜安屯二百七十五里夾信子屯二百八十里金沙泡屯二百九十五里于家營迤北有西亮子河渡口東通螞蜒河鎮西通老會房等大路三百里老會房三百一十里石家營三百二十里孫家營三百二十五里平安堡三百三十三里蕭家營

康平社

正南距廳十里五道林子屯二十五里秦家窩堡三十里于家窩堡四十里楊古林嶺屯五十里左家店

樂樂社

五十五里腰營六十里箭桿溝屯七十里李家店八十里王家店八十五里三清宮集一百里八里川屯一百一十里烏拉草甸屯一百二十里半截河

子屯三清社一百二十五里二道河子屯一百三十里分水嶺屯一百三十五里鶯嘴磖子屯一百四十里太平川屯一百五十五里三道街集二百五十八里老道溝屯二道社西南距廳二十五里白石磖子屯三十五里大舍利河屯四十五里柳樹河屯五十里西溝屯長治社六十里茂石河屯六十七里大海溝屯七十五里麯房屯八十里小海溝屯八十五里碾子溝屯九十里磖子溝屯九十五里張家店九十七里官地屯一百一十里大腰溝屯一百二十里二層甸子屯一百二十五

里王家屯一百三十里滴達嘴子屯一百三十五里牛官嶺屯一百四十里王家窩堡一百四十八里蛤蟆河子屯一百六十里朝陽溝屯順凝社西南迤西距廳五十里草廠河屯六十七里小舍利溝屯長治社八十五里楸皮溝屯九十里正紅旗屯九十五里鑲黃旗屯一百里鑲白旗屯一百五里正黃旗屯一百一十五里鑲紅旗屯一百一十八里八百龍屯一百二十一里鑲藍旗屯一百二十四里八百虎屯一百二十八里三家子集有阿什河渡口西通阿什河鎮北通雙城廳等路一百三十里阿勒楚喀俗呼阿什河鎮城副都統衙門駐此城內十字街

中有地橋一老西門外有地橋一皆修築地内深六七尺四街分築水溝爲舊河支流水道引通老西門外入於阿什河正東保安門外有石橋一橋一南有暖泉三四眼冬不結冰正南承化門外有石橋一迆東里許有石橋一西北便門外有大橋一正北平易門外有大橋一以上橋梁皆阿什河支流周繞城之南北入於老河迆東四里許有阿什河拉鬍子官渡口通賓州廳等路　一百三十一里馬家溝一百三十二里韓家崴子一百三十三里小老鸛窩屯一百四十里五間房屯一百四十四里白家油房一百四十八里古家屯一百五十二里薩庫哩站屯一百五十三里鑲藍旗屯一百五十六里鑲紅旗屯一百五十九里正紅旗屯迆西又佟家窩堡一百六十二里正黄旗屯一百六十五里鑲黄旗屯迆

西又興隆店屯一百六十八里正白旗屯迤南又龔家油房一百七十一里正藍旗屯迤南一百七十二里張家窩堡一百七十三里八虎張屯一百七十五里張五屯一百七十六里田家店迤北義成店屯一百七十八里王家窩堡一百八十里吳家窩堡一百八十五里廣興莊迤南又振德店屯一百九十里小房身屯順凝社

正西距廳四里姜家店十八里馮家店二十里高麗溝屯二十八里滿家店集三十里三結地屯三十三里清茶館屯四十里徐家堡四十八里太平寺屯卽大

仙堂五十三里六里屯六十二里蜚克圖站鎮有蜚克河大橋一阜財社六十五里張家屯七十里椴樹底下屯七十二里小城子屯七十八里荒溝屯八十里廟子屯八十三里正白旗屯八十五里正黃旗屯九十一里鑲黃旗屯九十四里窪渾河屯九十七里正藍旗屯一百里料甸子屯一百五里馬家窩堡一百一十五里正白旗屯一百一十六里平房屯有阿什河官渡口西通阿什河鎮北通松花江呼蘭河口渡口等路一百一十八里海溝即海古勒水屯一百二十一里正藍旗屯一百二十五里拉古屯一百二十六里舍利屯一百二十九里滿洲屯一百三十一

里黃土岡屯一百三十五里前旗屯一百三十八里後旗屯一百四十里三門榆屯即雙榆樹一百四十八里太平溝屯一百五十里大老鸛窩屯一百六十里曾家店一百六十五里楊樹林子屯一百七十里後三家子屯一百七十三里二道白屯一百八十里前三家子一百八十二里四家子一百八十六里關家屯一百九十里大房身屯順凝社

正西迤北距廳八十五里正白旗屯八十八里鑲白旗屯九十里永增源屯九十三里南鑲白旗屯九十八里正紅旗屯一百里正藍旗屯一百三里鑲藍旗屯

一百八里南鑲藍旗屯一百一十里萬增源屯一百一十三里後進屯一百一十八里鑲紅旗屯一百二十二里達子營一百三十里小嘎哈屯一百三十三里楊木林屯一百三十五里義興泉屯屯西有阿什河渡口南通阿什河鎮北通松花江呼蘭河口渡口等路一百三十六里馬家店屯一百四十里趙家崴子一百四十五里大嘎哈屯一百五十里摩琳街一百五十五里福隆興屯一百五十八里靠山寨一百六十二里大騾子屯一百六十六里富家屯一百七十二里葦子溝屯一百七十五里魏家屯一百八十里孫家窩堡一百八十五里馬家

窩堡一百九十里拉拉屯順凝社西北距廳十二里廣興莊二十七里小團山屯四十五里大稗子溝屯五十五里樺樹廟子屯阜財社六十二里小稗子溝屯七十五里前懷屯八十五里山河堡集八十八里大團子屯物華社九十里四合店屯九十五里永隆源屯一百一十里三合屯一百一十五里發聚窩堡一百一十八里天發號屯一百二十五里長林子屯一百三十五里恆隆興屯一百四十里偏臉子屯一百四十五里石八溝屯一百四十八里荒山嘴子集迤北十餘里有松花江呼蘭河口官渡口通黑龍江呼蘭廳等路一百

五十里馬廠甸子屯迤北一百五十三里孫家屯順凝
社
西北迤北三十五里烏兒河屯四十二里吉隆盛屯四
十五里存善恆屯五十二里小三姓屯六十里朝陽
河屯六十二里滿井集順時社七十里太平川屯八十
里興隆鎮九十里岔溝口屯物華社九十五里三岔口
集一百里後四合店屯一百一十里興隆溝屯一百
二十五里橫河子屯順凝社
正北距廳十五里劉家堡十八里房身岡二十里偏
臉子屯二十五里萬發屯二十六里孫家屯二十八

里楊家大房三十里廣太和屯三十五里邵家窩堡
三十八里敖家溝屯順時社
東北距廳十六里楊木橋屯有海里渾河大橋一通東北各渡口道路二
十里七寶泉屯二十五里二道溝屯順時社三十里和
碩溝屯三十五里三道溝四十里邵家爐四十五里
三棵樹屯五十里猴兒石集有松花江渡口通黑龍江呼蘭廳路五十
五里東猴石屯六十二里廣盛德屯六十八里天盛
源屯七十五里范家屯七十八里石屯八十五里高
家屯八十八里黑瞎子溝九十二里姚家屯九十五
里楊木林屯一百里下甸子屯一百五里新甸屯郎順

興福屯有松花江渡口　一百一十里小南屯一百二

通黑龍江呼蘭廳路

十里高台子屯一百二十五里萬鹿溝屯一百三十

五里萬福廣屯有陶淇河大橋一通松花江各渡口路　一百四十里向

陽川屯一百五十里五道崴子屯一百五十五里老

西溝屯一百六十里擺渡河口屯一百七十里張家

窩堡一百八十里黄魚圈屯有松花江渡口通三姓等路

五常廳

東至分水嶺甯古塔界三百里　西至拉林河伯都

訥廳界十二里　南至長壽山吉林府界一百里

北至莫勒恩河雙城廳界四十里　東南到呼蘭川

敦化縣界一百里到老嶺甯古塔界三百里　西南到金馬駒子川吉林府界一百里　東北到帽兒山賓州廳界二百餘里　西北到拉林河雙城廳界三十五里

東西廣三百一十二里　南北袤二百四十里

西南到省城三百六十里

屯鎮津梁附

正東距廳六里二道岡屯十三里三道岡屯二十里四道岡屯三十里五道岡屯三十五里六道岡屯四十里柳樹河屯五十里高家屯尙智社七十里石廟子

屯八十里三十通屯九十里王家船口有莫勒恩河渡口通賓州廳等路一百里太平山街一百二十里半拉城子一百三十里房身岡屯一百五十里一棵松屯一百七十里老木營二百里大青川社由義

正東迤南距廳七里永發屯十里桃山屯二十里長發屯二十五里斗溝子屯三十里涼水泉子屯五十里金銀庫屯社尚智九十里蘭彩橋鎮分防巡檢駐此九十五里太平橋屯一百里馬家船口有莫勒恩河渡口通賓州廳甯古塔路一百一十里黃粱子屯一百四十里西亮甸子有莫勒恩河渡口通甯古塔吉林府等路一百六十里關門嘴子屯社由義

東南距廳二十五里靠山河屯三十里連環山屯四十里石灰窯子屯五十里朝陽川屯五十五里關門嘴子屯新裕社七十里小新立屯八十里黃泥河屯九十里蛤螞河屯一百里老爺府一百一十里萬寶山屯一百二十里榆樹川屯一百三十里雞冠磖子屯一百三十五里葳沙河屯一百五十里九間房亦由西亮甸子渡口一百六十里東亮甸子屯一百七十里北雙城子一百七十五里滿天星屯一百八十里南雙城子一百九十里大石頭河屯二百里呼蘭川屯崇禮社

東南迤南距廳一百里向陽山屯一百五十里打牛溝

屯一百六十里紅石磖子屯一百七十里刋椽子溝屯一百八十五里沈家營二百里大崴子屯崇禮社

正南距廳四里杏花山十二里半截河屯十六里清茶館屯二十里二道通屯尙智社三十五里拉林河屯有拉林河于家渡口通山河屯鎮等路四十里四合號屯五十里山河屯鎮分防經歷駐此五十五里板子廟六十里柳樹河子屯七十里長發屯迤東有拉林河段家船口新裕社七十里魏家店八十里賈家船口有拉林河渡口八十五里杜家屯九十里承發屯九十五里五家子迤東有拉林河齊家船口並上渡口俱通吉林府等路一百里王麻子屯一百三十里哈啦河屯一百五十

里柳樹河屯一百六十里大石頭河屯一百七十五
里四合川屯一百八十里老黑頂子屯豐稔社
西南距廳十里孟家窩堡迆西有拉林河馬家渡口二十里柳家渡口三十里周家渡口二十里團山子屯二十五里老山頭屯三十里
頭道溝屯三十五里二道溝屯五十里七星泡街五
十五里兩家子六十里雙河堡六十五里孟家店講讓
社七十里楊家船口有溪浪河渡口八十里二里界屯一百
里長壽山屯一百二十里四馬架子屯一百三十里
頭道坪子一百四十里二道坪子一百五十里三道
坪子迆東有溪浪河蕭家船口並上渡口俱通吉林府等路一百六十五里六

家子安惠社

西南迤西距廳二十五里富春河屯屯西有拉林河蔡家渡口通吉林府伯都訥廳路三十里烏泥河屯三十五里六道岡屯四十里金家店四十四里八家子四十八里小新立屯六十里五道岡屯興仁社

正西距廳六里下甸屯十二里蓮花泡屯屯西有拉林河劉家船口通伯都訥廳等大路

西北距廳七里半里城子十里月牙泡屯屯西有拉林河金家渡口

正北距廳五里張家窯七里狼窩屯十二里房身岡

屯十五里六家子二十五里沙山子屯三十里管家店屯三十五里五常堡鎮協領衙門駐此四十里大發泡屯有莫勒恩河于家渡口通雙城廳路誠信社

東北距廳五里太平嶺屯八里鰱廠溝屯十里沙河子屯十二里太平莊二十里新立屯三十五里拐棒河屯四十里十八里甸子屯四十五里大口面屯有莫勒恩河王家渡口五十里二道河子街有莫勒恩河渡口六十里亮子屯有莫勒恩河李家渡口七十五里亮砑子屯九十里萬發街一百里刁家船口屯即莫勒恩河渡口並上渡口俱通雙城賓州等廳路一百四十里蟲王廟屯舉仁社

雙城廳

東至古城店賓州廳界一百三十里　西至拉林河原作淶流河卽蘭陵河一百四十里　南至拉林河四十里以上俱伯都訥廳界　北至松花江卽混同江報馬川北岸黑龍江呼蘭廳界一百二十五里　東南到莫勒恩河五常廳界二百里到帽兒山賓州廳界三百里西南到拉林河伯都訥廳界一百二十里　東北到田家燒鍋賓州廳界一百九十五里　西北到松花江卽混同江黑龍江呼蘭廳界一百六十里

東西廣二百七十里　南北袤一百六十五里

南至省城五百里

屯鎮津梁附

正東距廳十里許家大窩堡三十里正白旗三屯三十二里正白旗二屯三十五里正白旗頭屯四十里正白旗四屯四十二里正白旗五屯四十五里韓家窩堡五十里後三家子六十五里東所助教官設此七十里王似玉屯八十五里周家窩堡九十里古家窩堡一百里後三家子一百一十里安家窩堡

正東迤北距廳三十里鑲黃旗三屯三十五里鑲黃旗頭屯三十六里鑲黃旗二屯四十里鑲黃旗四屯四

十六里鑲黄旗五屯五十六里趙家窩堡七十里半拉山屯八十五里何家溝屯一百里蘇家屯一百一十里趙家崴子屯

正東迤南距廳十八里丹城子二十八里鑲白旗二屯三十里鑲白旗三屯三十三里鑲白旗頭屯三十八里鑲白旗五屯四十里鑲白旗四屯五十里鍾家店屯五十五里前九家子六十五里六家子七十里温家店屯八十里馬架子屯九十里八家子九十五里韓家窩堡一百里華家窩堡一百一十里孤家子屯一百二十里箭桿子窩堡一百二十五里吳家窩堡

一百三十里前三家子
東南距廳二十五里八棵樹屯三十五里于家燒鍋四十里正藍旗二屯四十三里正藍旗三屯四十五里正藍旗頭屯四十八里楊連窩堡五十里正藍旗五屯五十三里正藍旗四屯五十四里安家店屯五十五里正藍旗二屯五十八里正藍旗三屯六十里正藍旗頭屯六十五里正藍旗五屯六十八里正藍旗四屯七十里鑲白旗二屯七十三里鑲白旗三屯七十五里鑲白旗頭屯八十里鑲白旗五屯八十三里鑲白旗四屯八十五里正白旗二屯八十八里正

白旗三屯九十里正白旗頭屯九十二里轉心湖屯九十五里正白旗五屯九十八里正白旗四屯一百里四家子屯一百五里獾子洞屯一百七里鑲黃旗二屯一百一十里鑲黃旗三屯一百一十二里鑲黃旗頭屯一百一十七里鑲黃旗五屯一百二十里鑲黃旗四屯一百二十五里東華家窩堡一百二十七里勳家窩堡一百二十八里張達屯一百二十九里靛池窩堡一百三十里王家窩堡一百五十二里藍旗屯一百三十三里三道溝屯一百三十五里拉林城協領衙門及分防巡檢駐此城東城北各大橋一通五常賓州等廳路 一百三十八

里林家窩堡一百四十里王家窩堡一百四十五里閻家窩堡一百四十八里戴家窩堡又康家爐屯一百五十里紅旗岡子屯又趙家窩堡一百五十五里樺皮川屯一百五十六里板子房一百五十八里柳家窩堡一百六十里新店屯一百六十五里曾家橋屯一百七十五里涼水泉子屯一百九十里邵家岡子一百九十五里新立屯二百一十里周倉店屯二百二十五里武家窩堡二百四十五里八家子二百五十五里西山堡二百七十里孫家店屯有阿什河便渡口二百八十五里侯家渡屯有阿什河渡口並上渡口俱通賓州廳路

東南距廳三十五里朱公屯四十里永發屯屯南有拉林河渡口四十五里孫家灣五十里謝家屯五十五里窯上屯六十里同發號屯六十八里金錢屯七十二里王家屯屯南有拉林河渡口並上渡口俱通伯都訥五常等廳路七十八里白家屯八十五里郭家屯九十里黄家屯九十三里平台子屯九十六里熊家屯一百里顔家店屯一百五里三合店屯一百一十里天茂店屯一百一十八里小山子屯一百二十五里紅旗屯一百三十里孤家子屯

正南距廳十里南站屯十八里獨一處屯三十里靠山屯三十五里鄧家屯三十六里喬家店屯三十七

里房身泡屯三十八里詹家店屯迤西又小長場圍屯四十里車家城子屯南有拉林河官渡口通伯都訥五常等廳路正南迤西距廳二十里王花屯二十三里金子屯三十里吳家屯三十五里榆樹林屯三十八里山咀子屯四十里大溝屯屯南有拉林河渡口通伯都訥廳路西南距廳十五里鑲藍旗五屯十八里鑲藍旗二屯二十里鑲藍旗頭屯二十三里鑲藍旗四屯二十五里鑲藍旗三屯二十七里三家窩堡二十九里三姓屯三十里鑲藍旗五屯三十三里鑲藍旗二屯三十五里鑲藍旗頭屯三十八里鑲藍旗四屯四十里鑲

藍旗三屯四十三里姜家窩堡四十五里鑲紅旗五屯四十八里鑲紅旗四屯五十里鑲紅旗頭屯五十三里鑲紅旗二屯五十五里鑲紅旗三屯五十六里申家窩堡五十八里姜家崴子六十里正紅旗五屯六十三里正紅旗四屯六十五里正紅旗頭屯六十八里正紅旗二屯七十里正紅旗三屯迤南七十二里花園屯屯南有拉林河渡口通伯都訥廳路七十五里張家崴子七十八里王亮屯八十三里小房身屯八十八里大馬架屯九十里高家窩堡九十二里韓家店屯九十五里周家屯九十六里小馬家屯九十八里三家子屯

一百里公盛號屯一百五里北小房身屯一百一十里大房身屯

正西距廳十里鑲紅旗五屯十三里鑲紅旗四屯十五里鑲紅旗頭屯十八里鑲紅旗二屯二十里鑲紅旗三屯二十五里霍家燒鍋三十里徐家窩堡三十三里姜家窩堡三十六里卡頭堡屯三十八里王家窩堡四十里張家窩堡四十二里胡家窩堡四十五里八家子屯五十里溪家燒鍋五十五里九家子屯五十八里火燎岡屯七十里何家窩堡七十五里雙山子屯七十七里馬登燒鍋七十八里正黃旗五屯

八十一里正黄旗四屯八十三里正黄旗頭屯八十八里正黄旗二屯九十一里正黄旗三屯九十二里興隆溝屯九十三里青堡子九十五里王永屯九十八里劉家窩堡一百里朝陽堡一百五里善家窩堡一百十里馬架子屯一百十五里三家子窩堡一百十八里張家窩堡一百二十里閔家屯一百二十里機房屯一百二十五里泡子口屯一百三十五里八家子屯屯西有拉林河官渡口通伯都訥廳及新城等路

正西迤北距廳十里安家店屯十二里正紅旗四屯十五里正紅旗五屯十七里正紅旗頭屯二十里正紅

旗三屯二十二里正紅旗二屯三十五里西所助教官設此四十五里鑲黃旗五屯四十八里鑲黃旗四屯五十里鑲黃旗頭屯五十三里鑲黃旗二屯五十五里鑲黃旗三屯六十五里長山堡七十里三成店屯七十五里楊公屯七十八里遲家窩堡八十里宋彩店屯八十五里河南屯九十里管家店屯九十五里嘎家歲子一百里興隆店屯一百一十里西歲子屯西北距廳十六里穆家窩堡二十里正黃旗四屯二十三里正黃旗五屯二十五里正黃旗頭屯二十八里正黃旗三屯三十里正黃旗二屯三十五里正白

旗五屯三十八里正白旗四屯四十里正白旗頭屯四十三里正白旗二屯四十五里正白旗三屯五十里張家窪子六十五里蔡家窪子七十里師家窩堡七十五里謝家店屯八十里城子鎮八十五里朝陽屯八十八里靠山屯九十里西老老渡口屯有松花江渡口通黑龍江呼蘭廳路一百里腰崴子屯一百一十里叢家窩堡一百二十里鄭家窩堡一百三十五里姚家岡屯一百四十五里廣泉屯

正北距廳五里許家大窩堡十五里萬家窩堡二十二里岔路口屯三十里欒家窩堡四十里鑲白旗四

屯四十五里鑲白旗頭屯四十八里鑲白旗三屯四十九里鑲白旗五屯五十里鑲白旗二屯六十里李家窩堡六十五里方家窩堡七十里林家窩堡七十五里劉家窩堡七十八里高家窩堡八十里東井子屯迤西八十二里太平莊八十五里雙廟子屯八十八里徐家窩堡九十里新立屯九十二里宋家店屯九十五里張家窩堡九十八里八里堡一百里柞木溝屯一百五里崴子屯一百一十里萬家窩堡又萬家店屯一百一十五里報馬川屯

正北迤東距廳二十里張家窩堡二十五里安家窩堡

三十二里安家店屯四十里范家窩堡四十五里鑲藍旗三屯四十八里鑲藍旗四屯五十里鑲藍旗頭屯五十三里鑲藍旗二屯五十五里鑲藍旗五屯六十里暖泉子屯七十里穿心店屯八十里蕭家窩堡九十里登李屯九十五里陳家窪子屯一百里大亮子屯一百一十里古家窩堡一百二十里長溝子屯

有松花江官渡口通黑龍江呼蘭廳路

東北距廳四十五里范家窩堡五十五里鑲紅旗三屯五十八里鑲紅旗二屯六十里鑲紅旗頭屯六十三里鑲紅旗四屯六十五里鑲紅旗五屯七十八里

小榆樹屯八十二里趙家窩堡八十五里長溝子屯九十里大榆樹屯九十二里恆發湧屯九十八里薛家屯一百里梁家窩堡一百五里三姓屯迤西一百十里三道岡子屯一百十五里閔家窩堡一百二十五里金山堡迤西一百三十五里單家店屯一百五十里雙口面屯（有松花江渡口通黑龍江呼蘭廳等路）一百五十二里四方台一百五十二里孫家窩堡一百六十五里後柞樹林屯一百七十里廂房屯一百七十五里王家店屯一百八十里老斗屯一百九十五里田家燒鍋屯

東北迤東距廳六十五里正紅旗三屯六十八里正紅旗二屯七十里正紅旗頭屯七十三里正紅旗四屯七十五里正紅旗五屯八十里喬家窩堡八十五里正黃旗三屯八十八里正黃旗二屯九十里正黃旗頭屯九十三里正黃旗四屯九十五里正黃旗五屯一百里後趙家窩堡一百十里三門榆屯一百二十里舉架椽子屯一百三十里孫家屯

吉林通志卷十七

輿地志五 疆域下

甯古塔城

東至横山會處平岡小峰之巔那字界牌以東五百八十里至大樹岡瑪字界牌以東六百二十餘里俱俄羅斯界 西至都林河吉林府界二百餘里 南至嘎哈哩河琿春界二百餘里 北至三道河子三姓界三百餘里 東南到瑚佈圖河口東岸倭字界牌以東六百餘里到三岔口七百一十里俱俄羅斯界 西南到狍子溝敦化縣界二百餘里 東北到白

淩河北岸小漫岡拉子界牌以東六百三十餘里到白淩河口喀字界牌以東六百七十七里俱俄羅斯界到和圖河三姓界七百餘里到興凱湖俄呼海堪之松阿察河東岸亦字界牌一千一百餘里俄羅斯界到穆棱河口東俄羅斯三姓界一千三百餘里　西北到海蘭河源西五常廳北賓州廳界四百五十里盛京通志二十四東至海三千餘里西至鄂摩和索羅站二百五十里吉林界南至圖們江六百里外爲朝鮮界北至混同江六百里外爲蒙古界東南至錫赫特山一千五百七十里海界西南至勒富善河五百里吉林界東北至費雅喀三千餘里海界西北至阿勒楚喀七百餘里蒙古界　皇朝文獻通考二百七十一甯古塔東七百餘里外沿松花江大烏拉江直至入海處兩岸爲赫哲費雅哈部所居所謂使犬

部也自天命元年招服以其土產貂皮等物就甯古塔副都統處輸納歲以爲例其有赴京師上貢者以兵護送之其散處最遠不能以時到甯古塔者若烏拉江口居住之庫頁等五百餘戶則每歲遣章京等員赴甯古塔境外三千餘里之普祿鄉等地方令以六月會集若烏蘇哩江住之掐喀爾班吉爾漢等戶則間歲遣章京等員赴甯古塔東南境外三千餘里之尼曼河地方令其以五月會集各交納貂皮給與賞賚自甯古塔水程至其所居盡處四千五百餘里各設姓長鄉長分戶管轄與編戶無異按以上各地今已皆入俄境姑附識其疆域於此

東西廣一千三百一十里南北袤六百餘里西距省城八百里盛京通志二十四西南至吉林六百四十餘里

卡倫

穆棱河吉林外紀作穆勒恩卡倫城正東穆棱河南岸二百里

瑚佈圖卡倫城東南瑚佈圖河口六百餘里

以上卡倫原由副都統衙門委派官兵於光緒十

年改由練軍撥派

松音卡倫城西南松音河東岸一百六十里

德林卡倫城正西德林石甸子一百里

乜河卡倫城東北乜河南岸六十里

右卡倫於光緒十年改由練軍撥派官弁

依徹卡倫城東北一百里吉林外紀三

烏札庫卡倫城東北達巴庫湖東七百餘里

右卡倫於光緒十年改由練軍撥派官弁據吉林外紀三

及兵司册舊設馬廠河亮子河霍貞河瑪勒呼哩薩奇庫凡恩特赫謨特佈赫卡倫五昂阿拉岳呼西喀哩尼葉赫佛訥赫倭勒恩嘎思哈花蘭尙西松根沃羅霍恩嘎爾罕多勇武呼郎吉塔克通吉烏勒呼霍羅呼順穆克德和密占凡雅克什謨特佈赫卡倫十七均經裁改

屯鎮 津梁附

正東距城三里江窪子屯五里花蓮溝屯迤東有牡丹江渡口通穆稜河中渡口路十里山音必爾罕屯屯西有牡丹江四道官渡口通穆稜河上渡口路二十五里白利哈達屯二十八里大王山屯三十里東蓮花溝屯三十五里卡倫屯五十五里許家大屯七十里太平溝屯一百里磨刀河屯迤北一百一十五里協領河屯一百三十里石頭甸子屯一百

五十里趕留石屯一百六十里抬馬溝屯一百八十里釣魚台屯招墾局駐此二百里穆稜河卡倫屯有穆稜河中渡口通瑚佈圖卡倫三岔口街等路二百二十里菜營屯二百四十里康濟屯二百八十里腰嶺子屯

東南距城二十里唐頭溝屯三十里缸窰屯八十里花蘭溝屯一百二十里穆稜河上渡口通瑚佈圖卡倫等路一百八十里孤榆樹屯二百五十里雙楊樹嶺屯三百里姜密峰屯三百六十里八道河屯四百五十里南天門屯五百四十里萬鹿溝屯五百八十里小城子屯有綏芬河渡口通瑚佈圖卡倫三岔口街等路六百五十里馬家窩堡七

百里三岔口街

正南距城一里張家屯（屯北有牡丹江三道官渡口通瑪爾瑚哩站等路）五里小索爾霍綽屯十五里塔克通尼屯二十里乾溝子屯二十五里八家子三十里馬家屯三十五里榆樹林子屯四十五里三家子五十五里嘎斯哈屯六十里孤家子六十五里卧龍屯七十五里蛤螞河子屯八十里邵家墳屯八十五里盧家屯九十里馬廠屯一百二十里三道河屯一百三十五里二道河屯

正南（迤西里許有牡丹江二道官渡口通新官地站路）距城三里觀音閣屯十五里黃旗屯二十里拉馬屯四十五里黃花甸子

屯五十里大索爾霍綽屯五十五里羅成溝屯六十里樺樹嶺屯七十里新官地站屯八十里腰嶺屯八十五里石頭坑子屯九十里臥龍河屯九十五里廟兒嶺屯一百里成家嶺屯一百二十里金坑屯一百三十里瑪爾瑚哩站屯一百五十五里小團山屯一百六十五里六道河屯一百九十里老松嶺站屯迤南有嘎雅哩河渡口二百二十里王寶蓋子屯二百五十里薩奇庫站屯二百六十五里拉青嶺屯二百八十里小三岔口屯迤南有薩奇庫河渡口並上渡口俱通瑚珠站等路

西南城外里許有牡丹江頭道官渡口通北湖頭吉林等路三十里小牡丹屯

三十五里高麗房屯四十里都林河屯六十里下馬蓮河屯七十五里中馬蓮河屯八十里上馬蓮河屯九十五里小荒地屯一百里大荒地屯一百有五里上官地屯一百一十五里大三家子屯一百二十里觀古屯一百五十里官馬咀子屯一百六十里石頭河屯一百八十里柳樹河屯

西南迤西距城四十里都林河屯七十里下窨子屯七十五里牛廠屯有牡丹江渡口通東京湖城南湖頭敦化縣等路八十五里敦京城即佛訥河城迤北五里有牡丹江渡口通沙蘭站路九十三里阿堡屯九十五里朱家屯一百里小朱家屯一百一十里阿

堡屯一百二十里二通屯一百三十里色吉通屯一百三十五里北湖頭屯一百五十里大孤山屯一百六十里小孤山屯一百六十五里松音卡倫屯一百七十里南湖頭屯一百八十里小孔其木河屯一百九十里大孔其木河屯一百九十五里信和東屯二百里朝陽溝屯二百一十里江沃子屯屯南有牡丹江渡口通都林河口及敦化縣通溝站等路二百一十五里腰店屯二百二十里董家溝屯二百二十五里牛圈溝屯二百三十里高家屯二百三十五里泉眼溝屯二百三十八里燒鍋溝屯二百四十里拋銅溝屯二百四十五里下窪子

屯

正西距城五里大石橋屯有潑雪泉大石橋一十五里依蘭岡屯三十里大牡丹屯屯西五里有相接大石橋二四十里藍旗屯四十五里七間房屯六十里爬犁甸子屯六十五里三靈屯屯南有牡丹江渡口並上津梁俱通塔拉站等路七十里西崴子屯七十五里木其溝屯八十五里閻家屯九十里和尚屯一百里發虎屯一百一十里朱家屯

正西迤南距城八十里沙蘭站屯有大橋一通塔拉站舊街等路九十里頭道河屯九十八里二道河屯一百里蓮花泡屯一百一十里三道河屯一百三十里德林石甸屯卡倫

駐此有相接石木大橋各道通塔拉站路一百四十里必爾罕站屯一百五十五里半拉窩集屯一百七十里張家店屯一百八十里珠倫河屯一百九十里新店屯二百一十里塔拉站屯二百三十五里史家店屯

西北距城二十里額駙屯二十七里雙橋子屯三十里麥子溝屯四十里鴨綠溝屯五十五里海蘭屯七十里舊街即舊城八十五里九道梁子屯九十里鑾子營屯一百里官地屯一百一十里楊木台屯一百二十里十道梁子屯一百三十里萬丈溝屯一百三十五里火龍溝屯一百四十五里雙石磖子屯一百五

十里北崴子屯一百八十里大海蘭河屯

西北迤北距城十五里三間房屯三十二里腰龍屯六十五里龍首山屯八十里石道河屯九十里下甸子屯九十五里鰲頭屯（屯南有海蘭河渡口通舊街路）一百里楊樹林子屯一百一十五里哈達灣子屯一百三十里紅甸子屯

正北距城五里覺羅窪子屯（有相接石木大橋各一通必爾罕站舊街等路）十里下舍利屯二十二里上舍利屯二十七里雙橋子屯（有相接大橋二）三十七里薩克薩和羅屯四十八里德家屯五十八里南溝屯六十五里卡倫山屯七十三

里薩爾滸屯八十三里啦咕屯九十五里江頭屯一百里白廟子屯一百一十里丁家屯一百一十五里兩家子屯一百二十里閻家屯一百五十里紅甸子屯

正北迤東距城十三里小橋子屯有相接石木大橋各一二十里興額哩温車痕屯屯西有牡丹江官渡口二十五里胡什哈屯有石橋一並上津梁俱通乜河屯及渡口等路三十五里樓房屯四十里孤家子屯四十五里小團山子屯五十里大團山子屯五十五里馬鞍山屯六十里乜河大屯靖邊軍營及卡倫駐此有牡丹江渡口北通頭道卡倫東北通二站等路六十二里舊卡倫屯六十五

里朱家大屯七十五里李富頭屯八十里蓮花泡屯九十里古家子屯九十五里特林河即俗呼鐵嶺河屯一百里新卡倫屯一百一十里樺樹林子屯一百一十八里阿拉屯一百二十里西樺樹林子屯一百二十五里長蛇磖子屯一百三十五里福塔密河屯一百四十里小八國屯一百五十里頭道河子屯一百六十里頭道卡倫即鎊頭岔站有牡丹江渡口並上渡口俱通三姓路二百二十里二道卡倫即沙河子站二百八十里三道卡倫即細鱗河站三百三十里四站即三道河站以上四卡倫靖邊防軍設通三姓界蓮花泡四站路

東北距城六十五里頭道嶺屯八十五里四道嶺屯

一百里樺樹林子屯一百一十里司馬和羅屯一百四十五里烏府林屯一百八十里頭站二百一十里亮子河屯二百二十里長嶺子屯二百四十里二站二百七十里紅廟兒嶺屯三百里三站三百六十里四站三百九十里老爺嶺屯四百里楸皮嶺屯四百三十里大黃泥河屯四百八十里小黃泥河屯五百二十里下亮子河屯五百六十里水曲柳河屯

伯都訥城

東至拉林河五常廳界四百二十里　西至松花江蒙古郭爾羅斯公界二里許　南至松花江郭爾羅

斯公界里許　北至松花江三岔口黑龍江並蒙古郭爾羅斯公界七十里　東南到巴彥鄂佛羅邊門並黑林子屯吉林府界四百八十里　西南到松花江岸蒙古郭爾羅斯公界二里許　東北到拉林河雙城廳界一百五十里　西北到松花江蒙古郭爾羅斯界四十里盛京通志二十四東至蘭陵一百三十里阿什河界西至松花江東岸二里果爾羅思札渾界南至松花界二里果爾羅斯札渾界北至松花江七十里果爾羅斯巴圖界東南至巴延鄂羅邊門三百三十里船廠界西南至松花江北岸二里果爾羅斯札渾界東北至蘭陵河口一百五十里果爾羅斯巴圖界西北至松花江東岸四十里果爾羅斯札渾界

東西廣四百二十里南北袤七十餘里東南距省城

五百五十里盛京通志二十四東南至吉林五百二十五里

卡倫附

哈斯罕保卡倫城西二十里松花江西黑龍江接界處

岱吉吉林外紀作當吉卡倫城東北一百五十里雙城廳拉林堡接界處舊設圖山子五道河古井子二道河凡恩特赫謨特佈赫卡倫四哈駿雅克什謨特佈赫卡倫一又挫草頂子涼水泉子蓮花河口卡倫三均在城東於咸豐十一年裁察哈爾依里士默街郎均長溝子卡倫五均在城北黑龍江接界處光緒元年設八年裁

三姓城

東至烏蘇哩江東岸俄羅斯界一千二百餘里西

至松花江南岸瑪延河口賓州廳界二百八十餘里　南至牡丹江即瑚爾哈河右岸鍋葵山即嶋梅芬山甯古塔三百里　北至松花江北湯旺河即吞昂阿河右岸巴蘭窩集即半拉窩集之古穆訥城黑龍江呼蘭廳界一百四十餘里　東南到穆棱河南蜂蜜山子甯古塔界六百八十餘里　西南到牡丹江左岸三道河子南岸甯古塔界三百里　東北到松花江南岸音達穆河口富克錦界二百一十里　西北到松花江北岸卜雅密河西岸黑龍江呼蘭廳界三百餘里盛京通志二十四

東至佛楞窩集六百餘里甯古塔界西至費克圖站五百餘里阿勒楚喀界南至西古城一百二十餘里

吉林界北至吉潭河四百餘里黑龍江界東南至東古城一百餘里甯古塔界西南至札巴蘭河三百餘里阿勒楚喀界東北至威哈珠河八百餘里吉林界西北至宜春河二百餘里呼蘭界吉林外紀二東至海四千八百里南至阿穆蘭呼勒山甯古塔界二百八十六里西西至古哈達阿勒楚喀界二百八十里北至布雅密河古穆訥城黑龍江界一百三十五里

東西廣一千七百八十餘里南北袤四百五十里西南至省城一千二百里盛京通志二十四西南至吉林九百三十六里皇朝文獻通考二百七十一三姓在烏拉城東北一千九十里吉林外紀二城在省城東北一千三百餘里

卡倫附

瑪延河口卡倫城正西松花江南岸二百餘里

此卡倫原由三姓副都統衙門委派官弁光緒八

年改由靖邊綏字營撥派

烏斯渾河卡倫城西南牡丹江東岸一百三十餘里

吞昂阿河即湯旺河吉林外紀作吞河卡倫城東北松花江北岸一百餘里

音達穆吉林外紀作音達穆畢爾罕河口卡倫城東北松花江南岸二百十三里

以上三卡倫由三姓副都統衙門委派官弁舊設薩哈連昂阿音達穆額克沁錫伯河口恩特赫謨特佈赫卡倫三瓦里雅哈霍屯費岳圖河佛勒霍烏珠呢瑪蘭法勒圖琿河圖雅齊西福恩河郭普奇希窩坑昂阿雅克什謨特佈赫卡倫九均經裁改

屯鎮津梁附

正東松花江即混同江南岸距城五里窩坑屯有窩坑河渡口十二里
哈勒斐屯屯西有窩坑河渡口並上渡口俱通音達木河卡倫富克錦等路二十五
里白哈達屯四十里阿吉瑪瑪屯迤西靖邊軍營四十八里
舒勒河屯六十三里大瓦丹屯八十三里宏格力台
一百里珊延窩坑屯一百一十里達勒岡屯一百一
十五里木舒圖屯一百二十五里　城子一百三十
里發勒圖屯一百三十五里達佈庫屯一百五十里
敖奇屯一百六十二里葛吉勒台一百七十里泡子
沿屯一百八十里黑遡屯一百八十五里牝牛哈屯
一百九十五里朱板屯二百里賈木司屯

正東迤南距城十八里馬鞍山屯屯西有窩坑河卽倭和江渡口通樺皮溝窩古塔等路　二十六里羊角溝屯三十三里珊延倭和屯五十三里阿穆達屯八十里水曲柳溝屯一百里西湖景屯一百一十五里陡溝子屯一百二十里老鴰窩屯一百三十里榆樹泡屯一百五十里半結河屯一百八十里巴胡哩河屯二百里奇胡哩河屯二百三十里樺皮溝屯

東南窩坑河卽倭和江西岸　距城八里石灰窰子屯十二里喇嘛咔屯二十里東岡子屯二十八里多奇屯三十里稗子溝屯三十五里孤家子六十里四僩頂子屯七

十二里呢瑪蘭屯九十里火燒溝屯一百三十里富勒霍烏珠屯

東南遥距城二十里三家子二十五里山嘴子屯三十七里胡家屯五十里東岡子屯七十四里田家屯一百里長嶺子屯一百一十五里黑樹林子屯一百三十二里新卡倫屯一百四十五里廣富山屯一百五十五里黑瞎子溝屯

正南牡丹江東岸里許有官渡口距城四里神樹寺屯八里四間房屯十二里滕達子屯十八里楊武吉屯二十四里博勒河屯二十九里舒胡圖屯三十五里烝合川屯

三十九里胡什哈屯四十六里太平莊五十里頭站即太平莊站五十四里開伏喀屯六十里菱角口子屯有牡丹江渡口六十八里宅斐屯七十里礙子溝屯七十四里土城子八十四里新甸屯一百二十里二站即烏斯渾站一百二十五里烏斯渾河屯有烏斯渾河大橋一一百五十里羶羊砬子屯一百五十八里老西溝屯一百六十八里三道通屯一百七十里三站即小巴彥蘇站一百七十三里小巴彥蘇屯一百八十里頭道河屯二百里胡什哈達屯二百十五里二道河屯有大橋一二百二十五里三道河屯有大橋一二百三十里四道河屯有大橋一二百三

十五里柳樹河子屯有大橋一並上橋梁俱通四站甯古塔路二百四十五里蓮花泡屯二百五十里四站即蓮花泡站二百五十五里狗王𨗴屯二百六十里門坎子梢屯

正南迤東距城四十五里蓮花泡屯五十五里王家大屯六十五里二道林子屯七十里小河沿屯八十五里三家子屯一百里大頂子山屯一百一十里廟爾嶺屯

西南牡丹江西岸距城十六里拉哈福屯三十六里靠山屯五十六里代恒屯六十八里額穆叶屯屯東有牡丹江便渡口七十六里西芬溝屯屯東有牡丹江便渡口八十五里察爾

霸屯一百里克斯科屯（屯東有牡丹江便渡口）一百一十里呢斯哈屯一百二十里烏斯渾屯（屯東有牡丹江便渡口）一百二十五里黑牛圈屯一百三十六里五道河子屯（有大橋一）一百五十里五箇咀子屯一百六十里城牆磖子屯一百七十里四道河子屯（有大橋一）一百九十里巴彥蘇蘇屯（屯東有牡丹江便渡口）二百二十里望背磖子屯二百二十五里馬架子屯（屯東有牡丹江便渡口並上渡口俱通三姓城往來等路）二百七十里小迎門石屯二百九十里大迎門石屯三百里三道河口屯（有牡丹江渡口並大橋一俱通甯古塔路）

正西（松花江即混同江南岸）距城三里背奇嘴子屯（屯東有牡丹江便渡

口十五里大歲子屯三十五里西甸子屯五十五里達林河屯七十二里朱奇河八十五里郭佈奇希河口屯九十五里瓦洪河屯一百里黑瞎子溝屯一百有五里水起屯一百一十二里小羅拉蜜屯一百二十里大羅拉蜜屯一百三十里花公集屯一百三十六里草皮溝屯一百四十里大溝屯一百五十里楚山泡屯一百六十里德穆利屯一百六十七里爾吉利屯一百七十七里北黄泥河屯一百八十五里横頭泡屯一百九十五里彈弓泡屯二百有五里葡萄泡屯二百一十五里艭艞泡屯二百八十里螞蜒河

口屯有螞蜒河渡口通賓州廳等路

西北松花江卽混同江距城十二里妙噶山站屯十三里荒台屯二十里七里坑屯四十里小咕嘟河屯五十里大咕嘟河屯五十五里十處房屯八十三里鄂勒國木索站屯八十八里八里橋屯有頭道河大橋一九十里施家店屯一百一十里烏斯渾河屯有大橋一一百五十五里崇古爾站屯一百七十五里小橋河屯有大橋一一百八十里丁家屯迤西有林子河大橋一二百一十里范家屯有富拉渾河大橋一二百二十五里富拉琿站屯二百三十里王家屯迤西有頭道河大橋一二百六十里蕭家屯迤西有濃濃河大橋一

二百七十里許家屯迤西有轉心湖二道河頭道河各有大橋一二百八十五里泡子沿屯二百八十八里何家窩堡二百九十里佛斯亨站屯俗呼作白楊木站二百九十五里王家大屯二百九十七里袁家屯二百九十八里劉家窩堡三百里西王家屯三百有五里詹家屯三百有八里宋家屯三百一十里藍家屯三百一十二里呂家屯三百一十五里索倫張江口子屯即松花江卜雅蜜河口之官渡口並上津梁俱通賓州廳黑龍江呼蘭廳等路

正北松花江即混同江北岸距城五里廟爾街有松花江官渡口通黑龍江呼蘭廳佛斯亨站等路十里巴蘭河屯有巴蘭河便渡口十二里徐家屯

二十里前岡子屯二十五里紅石磖子屯二十八里山嘴子屯三十里吴家屯三十七里後岡子屯五十二里林家屯六十里永聚屯八十里四塊石屯九十里克勒奇屯一百二十五里半拉窩集屯一百三十五里三家子屯一百四十里古穆訥城

東北松花江郎混同江北岸距城十七里巴蘭河口屯二十五里楚勒木屯三十五里翁伏浪屯六十里舒勒河屯八十二里將軍溝屯九十四里朱連屯一百一十里湯汪河郎吞口屯有松花江便渡口昂河口屯通富克錦等路一百二十里僧木坑屯一百三十五里黑通屯

富克錦城附

東至諾洛河即撓力河口之烏蘇哩江東岸俄羅斯界七百餘里　西至松花江西岸黑龍江呼蘭廳界一百六十里　南至諾洛河北岸三姓界五百餘里　北至近接松花江即混同江北岸黑龍江璦琿界　東南到穆稜河即莫力河甯古塔界六百餘里　西南到音達木河口三姓界三百二十一里　東北到烏蘇哩江口東岸頭號耶字界牌以東俄羅斯界七百四十里　西北近接松花江北岸黑龍江璦琿界

東西廣八百六十餘里南北袤五百餘里西南至三

姓五百三十餘里

卡倫附

諾洛河即撓力河口卡倫城正東烏蘇哩江西岸七百餘里東岸俄羅斯界

呢嘛河口卡倫城東南烏蘇哩江西岸七百餘里東岸俄羅斯界

黑河口卡倫城東北松花江南岸二百餘里北岸黑龍江瑷琿界

以上三卡倫咸豐九年添設

烏蘇哩江口卡倫城東北七百四十里東岸俄羅斯

界

此卡倫咸豐四年添設並上卡倫官兵原由三姓副都統衙門委派於光緒十年撥歸富克錦協領衙門差派官兵常川戍守

屯鎮津梁附

正東松花江郎混同江南岸距城二里嘎爾富新屯七里霍吞吉林屯一百二十七里圖斯科屯一百三十二里古城一百五十里呢爾博屯一百七十二里拉哈蘇蘇屯二百里奇奇喀屯

東南烏蘇哩江西岸距城六百餘里畢拉音小河口屯六百

五十餘里諾洛河卡倫屯六百八十餘里阿佈親小

河子屯七百里西佈克里小河子屯七百二十餘里

呢𡃤卡倫屯以上五屯皆赫哲人居址俱有便渡通甯古塔路迤南穆稜河有甯古塔卡倫

便

渡

正西松花江郎混同江南岸距城六里富替新屯十八里古城

七十五里安巴河屯一百三十里喀爾庫瑪屯一百

四十五里古城子

西南松花江郎混同江南岸距城二百一十里瓦爾霍吞屯二

百五十里蘇蘇屯

東北松花江郎混同江南岸距城二百二十里莫力洪庫屯二

百八十五里街津屯二百九十里科木屯三百里德勒奇屯三百三十里額圖屯三百五十里阿瑪勒洪屯三百八十里奇納林屯四百四十里富唐古屯五百一十里色勒街庫屯六百八十里科勒木洪庫屯

以上各屯皆赫哲兵居地　俱官册

阿勒楚喀城

東至螞蜒河東岸方正泡三姓界四百五十里　西至拉林源增燒鍋屯雙城廳界五十里　南至拉林五城店屯雙城廳界四十五里　北至松花江黑龍江呼蘭廳界一百餘里　東南到螞蜒河甯古塔界

四百五十里　東北到松花江黃魚圈三姓界三百二十里　西北到松花江哈爾賓船口雙城廳界九十餘里盛京通志二十四東至螞蜒河二百里三姓界西至蘭陵河一百二十里伯都訥界南至穆棱山一百二十里伯都訥界北至松花江七十里蒙古界東南至蘭陵河一百九十里甯古塔界西南至喀薩哩河九十里伯都訥界東北至螞蜒河三百里三姓界西北至蘭陵河二百五十里伯都訥界

東西廣五百里南北袤一百四十五里西南至省城四百八十餘里盛京通志二十四西南至吉林六百里吉林外紀二阿勒楚喀城省城東北四百六十里

卡倫附

多歡卡倫拉林城東南一百一十里

右恩特赫謨特佈赫卡倫一乾隆三年設巡守禁山官兵原由阿勒楚喀衙門差派現改歸拉林協領衙門差派

花園卡倫拉林城東北五十餘里

老嶺卡倫拉林城東南一百八十餘里

右二卡倫同治十一年設巡守官兵由拉林協領衙門差派乾隆三年設蜚克圖饅頭頂子莫勒恩河雙岔頭山凡恩特赫謨特佈赫卡倫四蜚克圖昂阿海清溝夾信子馬鞍山凡雅克什謨特佈赫卡倫四均於光緒六年裁復改設丹城子馬架子卡倫二八年裁

琿春城

東至琿春河及阿吉密河往來路口薩字界牌以東一百三十餘里至分水嶺二百餘里以上俱俄羅斯界　西至圖們江朝鮮界二十八里盛京通志西至圖們江二十里朝鮮界　南至長嶺之南三十餘里至黑頂子山一百里以上俱俄羅斯界　北至五台站甯古塔界二百六十里　東南到佛多石嶺五十里到圖們江口長嶺之南土字界牌以東一百餘里到沙草峯一百一十五里以上俱俄羅斯界　西南到圖們江一百八十里到圖們江樸水滙流處長字界牌三百三十里西距礪字界牌三十一里到圖們江西豆水滙流處

礪字界牌三百六十一里西距帶子界牌三十六里到石乙及紅丹二水滙流處帶字界牌四百有三里西距山字界牌二十三里到長坡浮橋南岸山字界牌四百二十六里西距河字界牌八十八里到石乙及紅土二水滙流處河字界牌五百一十四里西距固字界牌四十二里到石乙水河源固字界牌五百四十六里西距湯字界牌十二里到黃花松甸子盡處溝口湯字界牌五百五十八里西距金字界牌五里到黃花松甸子頭道溝口金字界牌五百六十三里西距夏字界牌二十二里到小白山東麓溝口夏

字界牌五百八十五里西距華字界牌十五里到長白山東南小白山頂華字界牌六百里以上界牌之圖們江南俱朝鮮界　東北到蒙古街嶺啦字界牌以東一百四十餘里到琿春河昂邦畢拉河瑚佈圖河即烏蛇溝河三源之分水嶺怕字界以東二百一十里到瑚佈圖河口即烏蛇溝河口東岸三百八十里以上俱俄羅斯界　西北到哈爾巴嶺敦化縣界四百里到瑚珠嶺站甯古塔界二百四十里盛京通志二十四東至海二百八十里西至圖們江二十里外爲朝鮮界南至海一百一十里北至佛思亨山一百二十里圖們江界東南至海一百三十里西南至海一百二十里東北至喀爾岱窩集一百里海界西北至噶哈哩河一百一十里

東西廣二百二十八里南北袤二百九十餘里西北至會城一千一百餘里吉林外紀二西北至省城一千二百餘里

卡倫附

二道河卡倫城東南二十里通俄羅斯海參崴子等路此卡倫官弁原由琿春副都統衙門撥派光緒十年改由靖邊營委派舊設磨盤山卡倫達爾歡霍卡倫蒙古街卡倫嘎哈哩卡倫哈順河卡倫穆克赫卡倫密站卡倫珠瑜河卡倫恩特赫穆特佈赫阿密達卡倫佛多山卡倫法依達庫卡倫哈達瑪卡倫西圖河卡倫呼拉穆卡倫圖拉穆卡倫雅克什謨特佈赫以上均經裁改

屯鎮津梁附

正東距城十三里駱駝河屯十八里黑大屯二十里

東佈江屯二十二里頭道溝屯二十五里哈達瑪屯三十里荒溝屯三十八里沙金溝屯四十里乾溝屯四十八里四道溝屯五十五里老龍口屯八十里瓦岡寨屯八十八里塔子溝屯九十里柳樹河屯九十五里高麗營屯九十八里榆樹川屯一百里鬧枝溝屯一百一十里大牆縫屯一百三十八里五道溝屯一百七十里土門子河口屯屯東有琿春河渡口東通俄界蒙古街北通土門子招墾分局甯古塔等路、一百九十里土門子街招墾分局設此

正東迤南距城八里馬圈子屯十一里八丈屯十五里博河屯二十二里泡子沿屯三十里大紅旗屯三十

五里石灰窰子屯四十五里小紅旗屯九十里呼魯畢拉屯一百里大塔子溝屯一百一十里鬧枝溝屯一百二十五里西北溝屯一百四十五里梨樹溝屯一百六十五里黑瞎子背屯一百八十五里大平川屯一百九十里馬台溝屯二百里灣溝屯

東南距城五里五家子屯八里靖邊軍營十里靖邊炮臺軍營十二里小城子屯十五里依蘭哈達屯十八里楊木林屯二十里二道河街卡倫及靖邊防軍駐此二十二里東阿拉屯三十里南灣溝屯四十五里土門子屯五十五里五家子屯七十五里沙坨子屯八十五

里圖兒河屯一百里雲台山屯

正南距城四里章富屯五里圖老屯八里外郎屯十里南阿拉屯十二里雅老屯十五里汗道河屯三十里火龍溝屯三十五里西南崴子屯四十里南山屯六十里東火龍溝屯六十五里黑頂子屯七十里屯墾營靖邊軍營七十五里五棵樹屯七十八里靠山屯八十五里蓮花泡屯九十里大肚川屯有圖們江官渡口通朝鮮路九十五里玉泉洞屯一百里伯力墩屯

西南距城二十里西佈江屯俗呼高麗城吉朝通商局靖邊防軍駐此有圖們江官渡口通朝鮮慶源府路

正西距城三里二道營屯靖邊軍營四里靖邊軍營五里

三家屯八里西三家屯十三里下窪屯十五里靖邊

礮臺軍營十八里東岡屯二十三里水灣子屯水師營駐

此二十五里沙駝屯二十八里老渡口屯即圖們江渡口通朝

鮮界三十里西崴子三十五里高麗城屯三十六里大

盤嶺屯四十里窯占河屯四十五里荒山坡屯六十

七里黑砬塔屯八十里涼水泉子鎮九十二里空洞

山屯一百里阿什哈甸屯一百一十里大高麗嶺屯

一百一十五里二高麗嶺屯一百二十里下嘎雅河

屯有渡口通煙集岡路一百四十五里葦子溝屯一百六十里

依蘭溝屯一百八十里甕圈山屯一百九十里煙集

岡鎮有招墾越墾分局設此

正西迤南距城二百一十里八道河子屯二百三十里

六道溝屯二百四十里石門溝屯二百五十里光霽

峪有吉朝通商越墾分局設此及圖們江官渡口通朝鮮鍾城府路二百六十里五

道溝屯二百六十五里四道溝屯二百七十里和龍

峪有吉朝通商越墾總局設此及圖們江官渡口通朝鮮會甯府等路二百七十五里

八家子屯二百八十里頭道溝屯二百九十里夾信

子屯三百里海蘭河俗呼駭浪河屯三百一十里三道溝

屯三百二十里二道溝屯三百五十里黑瞎子溝屯

三百六十里外四道溝屯三百八十里泡子沿屯四百里石洞溝口屯有通商越墾分卡設此及圖們江渡口通朝鮮茂山府路四百二十里外五道溝屯四百四十里枇杷溝屯四百五十里外六道溝屯四百七十里腰嶺屯四百八十里長坡嶺屯四百九十里外七道溝屯五百里姜家窩堡五百一十里大箕溝屯五百三十五里長山嶺屯五百五十里紅土河屯五百六十里碧桃花甸屯五百七十里花松甸子屯五百八十里董家窩堡

正西迤北距城二百里東大岡屯二百一十里帽兒山屯二百二十里馬大嶺屯二百二十五里太平溝屯

二百三十四里官道口屯屯北有佈爾哈通河便渡口通天寶山哈爾巴嶺等路二百四十五里偏臉城二百六十五里老頭溝屯二百八十里天寶山礦務局及靖邊防軍駐此二百九十五里柳樹河屯三百里土門子屯三百一十里榆樹川屯三百二十里小廟溝屯三百三十里青龍山屯三百四十里糧米台屯防軍駐此遞送公文三百五十里大廟兒溝屯三百七十里鐮場溝三百八十里二道溝屯三百九十里頭道溝屯四百里哈爾巴嶺屯

西北距城五里琿春站屯十二里二道溝屯十八里英額河屯二十里老河身屯三十里二道嶺屯四十

里哈塘畢拉屯四十五里下雀子屯五十五里密占站屯六十五里太平溝屯七十五里石頭河屯九十里大道河屯一百一十里德通站屯即穆克德和站一百二十五里和尚嶺屯一百三十里小二道河子屯一百三十五里高麗嶺屯一百三十八里鬧枝溝屯一百四十里新房子屯一百四十五里尼什哈屯一百五十里大坎站屯一百六十里沙金溝屯一百六十三里長嶺子屯一百七十三里五人班屯一百八十八里哈順站屯俗呼汪清站迤北有汪清河渡口一百九十里白茶溝大屯二百里大肚川屯二百一十里夾皮溝屯二百

二十里大柳樹河屯二百二十三里大葳子屯二百

二十五里大荒溝屯二百三十五里上嘎雅河渡口

屯並上渡口北通瑚珠及薩奇庫等站路二百四十里瑚珠嶺站屯迤

西二百四十七里蛤螞塘屯二百五十里牡丹川屯

正北距城十里車大人溝屯二十里陰陽河屯三十

里後山屯四十五里大青溝屯五十里馬架子屯六

十里拐磨子溝屯七十里梨樹溝屯八十里庫丹溝

屯九十里檳榔溝屯

東北距城五里四間房屯十三里樺樹屯十八里牌

樓屯三十里頭道溝屯四十五里二道溝屯五十五

里楊木橋屯六十五里外郎溝屯七十里三道溝屯九十里四道溝屯一百一十里西北溝屯一百二十五里五道溝屯一百五十里六道溝屯一百六十五里大土門河屯一百八十里小土門河屯一百九十里紅旗河屯二百二十里香磨溝屯二百四十里三岔河屯二百七十里老河身屯二百八十五里石頭河屯二百九十里太平岡屯三百里亮家川屯三百二十里鵲至溝屯三百三十里廟兒嶺屯三百五十里寶姑娘川屯三百七十里八人班屯三百八十里

高麗營屯

安遠堡城正南圖們江北岸所屬崇化社善化社口口社德化社山溪社白金社白玉社

綏遠堡城西南圖們江北岸所屬白雲社白日社白鶴社對川社對山社對越社對揚社懋功社懋賞社懋德社懋官社

寗遠堡城西南圖們江北岸所屬開箎社開文社開發社開運社開泰社光化社光德社光風社光宗社光昭社霽霞社霽晴社月朗社

鎮遠堡城西南圖們江北岸所屬輸誠社歸化社崇讓社興廉社尚義社敦仁社懷恩社敬信社

以上四堡光緒十六年清丈招墾荒地共編三十九社一百二十四屯由圖們江北岸東接俄羅斯西接朝鮮界沿江一帶屯民初聚生齒未繁尚未成屯未能詳載

噶珊附

伯都訥城松花江北岸

松花江北岸舊設城東南豖噶珊

混同江北岸舊設噶珊

珠克都 哈都阿 瓜爾察 珠拉齊 都羅 阿

穆達爾 察伯齊里 布台 轉和代 克爾齊勒

妄巴昂阿海 阿東裕昂阿海 烏都爾圖 多

倫各爾 雷等噶珊

阿勒楚喀城混同江南岸

混同江北岸舊設噶珊

巴里　布拉克　科謝特依　西巴爾台　努楚渾

等噶珊

甯古塔城胡爾哈河牡丹江西岸混同之南

胡爾哈河即牡丹江東岸舊設角壘烏斯胡等噶珊

胡爾哈河即牡丹江西岸舊設古魯拉門和羅僧庫勒等

噶珊

三姓城混同江南岸胡爾哈河之東

胡爾哈河即牡丹江東岸舊設布拉爾昆噶珊

胡爾哈河即牡丹江西岸舊設拉格里噶珊

混同江南岸舊設噶珊

書爾赫　大瓦丹　小瓦丹　大珠爾　小珠爾

白石　穆書圖　歐掐哈　佛和倫　瑪納哈　佳

穆斯　音達穆　尼瑪奇　伊車蘇蘇　嶺庫莽阿

得衣亨　温車亨　宛里　模和羅　喀爾喀莫

哲克圖庫　札匪　改金　集納林　阿穆吉

喜魯林　和爾羅　克勤穆等噶珊

烏蘇哩江東岸北至混同江南岸舊設噶珊

呢噶　布庫　畢新　瓦克達卡　阿瑪達里　厄

公　阿翁　和謨　和羅哈　延索　抓金　額羅

穆　謨林烏珠屯木克得赫　烏蘇哩昂阿等噶珊

烏蘇哩江西岸北至混同江南岸舊設噶珊

阿奇 伊克登吉 錫爾古臣 佛匪 哈達 諾

洛 伊都赫 和羅 伊爾坤 模爾忒伊等噶珊

混同江南岸東至海濱舊設噶珊

喜站 穆爾庫 胡勒 古發 冲諾庫 伊爾庫

魯 烏克索米 穆蘇 查克津 惟塔 噶三

鼇鼇 噶爾剔齊 綽拉剔 薩爾布 富達里

瓦倫 巴哈里 和里 佛羅瑪 由倭克特 阿

集 倭爾齊 菲野爾蘇 齊克圖哈 札里 希

拉卓 奇集 都苑塔爾 都古津 蒙古里 魁

瑪　穆和勒　瞻　塔克提音　阿拉哈　廟　瓦

集　瓦布奇魯等噶珊　混同江入海處迤南尼滿

多索米尼音等噶珊

混同江北岸東至海濱舊噶珊

大胡特亨　小胡特亨　廟爾　巴蘭　布爾和

哈丹　阿西　發爾圖　多龍武　豐古　阿林達

瑪察　都卡　布雅　鄂里米　西爾巴達　噶

爾廷　科爾齊　額爾渾　阿西克　額士　這齊

林　由特里　和隆　卓爾必　格根　庫拉古

布喀禪　菲生　郭肯勒　喀拉爾　莽阿禪　扎

哈達等噶珊 混同江入海處迤北布裕爾噶珊

海濱東南庫葉島費雅喀鄂倫春等部舊設噶珊

普隆霌 伊對 特肯 拉喀 薩伊 皮倫岡

額哩野等噶珊

謹按舊設噶珊卽今屯也而今之屯名相同者無

幾惟赫哲費雅喀鄂倫春等部居址閒有符合第

創設裁改無案可稽謹考一統輿圖錄附志末其

數千里瀕江分設東至海濱有警則聲氣相通安

常則漁獵得所殆寓防邊之深意焉

赫哲費雅喀鄂倫春等部居址附

自烏蘇哩江口順混同江（俄呼阿木爾江）東至海濱二千餘里瀕江所居皆昔日貢貂庫葉費雅喀黑津鄂倫春等部

烏蘇哩江西岸自南而北赫哲人等居址（屬富克錦衙門管轄）

穆稜河　呢嚇卡倫　錫布克[illegible]河　阿佈親河

撓力河（即諾洛河）　卡倫　畢拉音河口

烏蘇哩江東岸自南而北舊界赫哲人等居址

庫爾佈新（即烏爾固辰路）　瓦庫哩（即阿車里）河　呢嚇河　喀察里　愛心泡　西北湖河　恰脖子　松木林

葦子溝　翁窩　團山子　雞心河子　偏江砬子

七箇砬子　小青河　大青河　朱克德奇　大
泡子　罕蟲河　燕窩　敖翁卽公厄河　大眼溝河
蒿通河　畢新河　新開河　木城　阿萬卽阿翁
河　牤牛河卽和羅河　稜奇　青牛河卽欽河　抓機卽抓
金河　七里空河
自烏蘇哩江口瀕混同江南岸東至海濱舊界赫哲
費雅喀部人等居址
圖勒密　科克特力卽阿克忒里　密蘇卽穆蘇　伯利俄鎮
呼阿木爾省又呼哈巴羅甫喀　札那渾卽查克律河　畢爾罕河　齊
占木魯　僧德科泡　僧德科　烏克蘇密卽烏克索米

阿吉枯　窔巴秋　霍洛（即佛羅瑪）　信達河　候溫（即湖也）　達噶山　德勒科　南信　烏札拉氏　卧牛達河（即和羅河）　多敏（即岳敏）　大松　褚拉奇（即綽拉剔）　薩爾吉　螞蟻　宏格力河　蟲杜　吉番　僧德　喬力　霍敏　額胥　公古力　蘇蘇　必爾古　皇窩　木城（此處三姓派員候賞貢貂費雅喀等部落）

自阿吉大山至黑勒爾八百餘里瀕江南岸居者不薙髮黑津亦曰長毛子即額登喀喇部落

畢爾古河　阿吉　阿吉大山　疋水　喀爾奇

卧牛達河　原卧大　額哩　勒卜畢洪庫　札伊

洪庫　扣台　同勒薩　商當霍吞　奇磯即奇集俄鎮呼　馬林依斯克　哈爾渾　敦里河即博敦河　奎麻　費雅喀　達依同武　卜羅泡　玩特　古勒亨　嘎金費雅喀人等所居　伯悅隆武費雅喀人等所居　嘎金河　烏吞　牛古密　疋昔克　横滚泡即亨滚　純況　褚克察　利　懸台費雅喀人等所居　烏勒吉　札依候温即湖也俄鎮呼　沙沙費斯克　普穌　莫胡掄温泉　黑勒爾

自黑勒爾瀕混同江南岸東至海濱六百餘里居者通稱費雅喀奇勒爾人等部落

泊莫圖　索莫呢俄呼嘎沙哩斯克　綽泥河　鄂倫春氏

郭奇善　依莫河奇雅喀喇人等所居　鄂倫春氏

呢依勒莫　法依塔庫河鄂倫春人等所居俄鎮呼因拔納斯克　鄂

倫春河　依三河　托密金河　德林　恰喀拉氏

奇拉莫　約色河即約索路　搬吉爾罕氏

自烏蘇哩江口瀕混同江南岸東至海濱舊界赫哲

庫葉鄂倫春費雅喀奇勒爾人等居址

庫魯河源　庫魯河闊綽　霍爾闊佈勒氏原居銀山

烏爾滾克勒氏　烏札拉村　卓爾別河　枯楞特

杜希奇哩氏　富達哩河　諾洛泡　莫爾奇木城

對岸　巴胡密　霍吉納戶　卓敏　璇噶珊　格楞

候温即湖也　格楞河　格楞　闊羅密　別蘭氏

叫纏河　札勒圖力氏　叫纏　塔阿克台河　輿

安　隆克力氏　哈爾里河　烏爾丹泡　費雅喀

布業魯　綽宏武即多龍武　忙阿察　富拉密　無

底候温即湖也　哈蘇里　烏活圖海湖至此止　礪佈哈

河　礪佈哈　攜力　團葫蘆　廟爾即廟噶珊俄為東海濱省

呼利格來斯克

東海濱東南各島所居費雅喀杜瓦狠八等部落亦

呼休文祿

濟拉敏　額里野河　圖克蘇圖山　達喜河費雅喀人

等所居　郭多和河　博和畢河　音格繩山　塔塔
瑪河　低巴努河　温特呼河　塔塔瑪山　德必
河　薩哈林產煤處　奴烈河　楚克津河　楚拉河
庫葉八等所居　阿當吉山　特肯河　啟多什河嵩霍洛人等所
居　依堆河郎一統輿圖雅丹氏部落

吉林通志卷十八

輿地志六 山川一 山上

吉林府 伊通州 敦化縣附

長白山

國語曰果勒敏珊延阿林果勒敏長也珊延白也阿林山也在吉林城東南六百餘里據盛京通志及大清一統志舊志謂一千三百餘里非是橫亙千餘里滿洲源流考本漢元菟郡境東塾集漢書地理志元菟郡西蓋馬縣馬訾水西北入鹽難水按馬訾水今鴨綠江源出長白山是長白山乃漢西蓋馬縣境之山也漢書於近塞之水出塞外者必著之馬訾水不云出塞外則水源在塞內即長白山在塞內明矣古名不咸山山海經大荒北經大荒之中有山名曰不咸有肅愼氏之國晉書東夷傳肅愼氏一名挹婁在不咸

山北通典挹婁即古肅慎其國在不咸山北

漢曰單單大嶺後漢東夷傳昭帝始元五年元菟徙句驪自單單大領以東沃沮濊貉悉屬樂浪後以境土廣遠復分領東七縣置樂浪東部都尉建武六年省都尉官遂棄領東地源流考按單單與滿洲語善延相近疑即長白山也按領古嶺字

魏曰蓋馬大山魏志東沃沮在蓋馬大山之東按長白山爲漢西蓋馬縣境之山則魏志之蓋馬大山爲長白山無疑通志一統志以漢之蓋馬爲唐之蓋牟謂今蓋州地蓋以聲相近附會之與漢書水道不合今不取

後魏曰太白山又曰徒太曰從太曰太皇皆一山也魏書勿吉傳勿吉國南有徒太山魏言太白有虎豹熊羆不害人人不得山上溲污行逕山者皆以物盛去北史靺鞨傳靺鞨國南有從太山者華言太皇俗甚敬畏之新唐書靺鞨傳靺鞨七部粟末居最南抵太白山亦曰徒太山與高麗接又渤海大氏度遼水保太白山之東北阻奧婁河樹壁自固

其名曰長白山則自金始契丹國志長白山在冷山東南千餘里乃

白衣觀音所居又曰白山金史世紀女直地有混同江長白山混同江亦云黑龍江所謂白山黑水是也又昭祖耀武至於長白山入於牽賓扎蘭之地舒嚕傳昭祖耀武至於青嶺白山在元開元路舊會甯縣南六十里明三萬衛東北千餘里明一統志東至甯古塔西至奉天府諸山皆發脈於此一統志山高約百里山頂有池五峯圍繞源流考如屏南一峯稍下如門中潭杳窈距岸五十丈許盛京一統志周圍約三四十里山之四周百泉奔注舊志西南流入海者爲鴨綠江東南流入海者爲圖們江北流入海者爲混同江一統志按明一統志云山高二百里其巔有潭周八十里闊深莫測南流爲鴨綠江北流爲混同江東流爲愛呼河考天下之山未有高至二百里者明志所云殆

出傳聞其潭曰闥門今實測所得裁周二十九里有半與通志三四十里不甚相懸明志云八十里亦約略之詞也愛呼原作阿也苦今無其名恭讀高宗盛京賦云粤我清初肇長白山鴨綠混同愛滹三江出焉則愛呼當即圖們古今稱名之異耳金大定十二年封長白山神爲靈應王明昌四年册爲開天宏聖帝

本朝考正祀典尊爲長白山之神康熙十七年奉

旨遣大臣武穆訥等登山相視二十三年復

遣駐防協領勒輙等周圍相山形勢其巓不生他樹草多白色南麓蜿蜒磅礴分爲兩榦其一西南指者東界鴨綠江西界佟家江麓盡處兩江會焉其一遶山之西而北亘數百里以其爲衆水所分一統志舊謂之分水

嶺西至於
興京邊茂樹深林幕天翳日者土人呼爲納嚕窩集從
此西入
興京門遂爲
啟運山自納嚕窩集而北一岡袤四十餘里者土人呼
爲果爾敏珠敦珠敦嶺也即長嶺也復西指入英額門遂
爲
天柱
隆業二山回旋盤曲虎踞龍蟠其間因地立名爲山爲
嶺者不一皆此山之支裔也山之靈異自昔爲昭而

神聖發祥於今爲盛萬世鴻基與天無極矣源流考

東園山城東十里在松花江南岸與西園山左右對峙高圓相等

尼什哈山城東十二里周十里高三百步盛京通志一名龍潭山曰尼什哈者

國語謂小魚也山之東北有河出小魚山因以名四面陡壁西北有車道盤旋而上至其巔雜樹交蔭希見陽景南行百餘步路旁有一池石砌相傳謂鲫魚池北有龍潭周五十餘步水色深碧雨不溢旱不减周圍山高林密遮幂水面望之寂然以繩繫石投之數

十丈未得其底潭西南有一石穴外狹內闊伏而入
劣可容身無敢深入者探之黑暗有風又東南林內
有樺木一株高九丈餘圍二尺上下標直枝葉翦齊
乾隆十九年
高宗純皇帝東巡封爲神樹春秋二仲月與龍潭同日祭之
吉林外紀吉林將軍凡祈雨晴皆於是御製詩注高宗山上
舊有城周二里今不存

南大尖山城東三十里

代王磯子城東高六十餘丈周二十餘里

牛頭山城東高三十餘丈周八里餘

侯嶺城東三十五里

上峯城東五十里

拉發峯城東一百五十二里高五里周二十里峯前有洞人不能到

長嶺一名張廣才嶺即嵩嶺也城東二百十里東西三十餘里層松飾巖列柏綺望南自長白北至賓州一千三百里横亘數十里綠天樹海蔚爲鉅觀府與敦化縣分界於此

伊蘭茂伊蘭數之三也茂樹也山城東南七里餘上有伊蘭茂城

巴延豐富也山城東南三十里

楊木頂子城東南七十八里

啞叭嶺城東南九十里

雅們猗門也山城東南一百里

堪達牛項下輭皮也山城東南一百三十里臺綠哩河流經

其北

伊努甚是也山城東南一百七十里高五里周三十里

康大臘山城東南一百七十里

鬭門磖子山城東南一百七十里

桫松頂子山城東南一百八十里

大青背山城東南一百九十一里

尖山子城東南二百一里

煙筒磖子山城東南二百六十里

額敦風也山城東南三百里高六十里周八十里東南

富爾瑚河及飛虎河俱發源於此

上下帽兒山城東南三百里

寒葱頂子山城東南三百餘里高六十餘丈周十五

里

沙爾哈達沙爾即撒喇皺也哈達峯也大山城東南三百餘里高

八十餘丈周五十餘里

呼蘭也窟突峯城東南三百二十里

卧牛石城東南三百二十里

巴延博多和計算也博多和山城南二十里高二里周十里

阿濟格也小山城南三十三里高一百五十步周五里

餘

小風門山城南四十里

佛爾們也大蘇山城南四十五里

雙鳳嶺城南五十里

大風門山城南六十里

廟嶺城南九十里

固拉庫陡崖也又峭澗也 峯城南一百五十里

瑪珽也肘嶺亦曰瑪延達哈巴城南一百六十里

瑚蘭也野騾 峯城南二百里

聖音吉林聖音山崖也吉林沿也 峯城南三百七十里高一百

步周一里上有輝發城

那爾轟也細山城南四百里高十餘丈

佛斯亨也甑山城南四百里索勒和等河俱發源於此

費德哩也倚傍山城南五百里高二十里周四百餘里

紅石磖子山城南五百餘里山之西南有河曰紅石

磖子河

歪頭磖子山城南五百餘里山之西南有河曰歪頭磖子河東接帽兒山自頭道溝迤東至二十一道溝抵朝鮮界

南埒克勒克石也山城南六百五十里高五里周十五里

分水嶺城南八百里亦名黑林嶺卽長白山南麓一榦盤曲西北指者有三泉自谷中湧出卽佟家江源

黑嶺城南九百七十里

青嶺城南一千七十里

西團山城西南五里高一百餘步

温德赫恩（祭祀祝板也）一曰温德亨山又名望祭山城西南九里高一百五十步周五里每歲春秋於山上望祭長白山之神雍正十一年建望祭殿於此

汪由敦長白山望祭樂章天作高山兮麗扶桑鍾王氣兮應期昌巡豐沛兮來望躬禋祀兮虔將（右迎神）飶黃流兮進初觴緬仙源兮心邈莊藹佳氣兮鬱蔥蔥欣來格兮惠無疆（右初獻）朱果兮實繁靈淵兮澤長清尊兮再獻綿祚兮純常（右亞獻）具薦兮玉饌三酌兮瓊漿思王跡兮彌欽清緝熙兮敢忘（右終獻）松花水兮湯湯鴨綠波兮泱泱神飫兮錫釐如川至兮

莫量右徹饌　祀事兮孔臧昭格兮永明邁周岐兮越殷上萬有千歲兮長發其祥右送神　松泉文集三

元家博多和山城西南十五里高一里餘周四里

磨盤山城西南四十里高五里又一在伊通州

王和尚嶺城西南四十里高五十丈

青山城西南四十五里高五里餘

鄂哈花鰐魚也一作鄂恰誤山俗曰鰲花山城西南五十里高二里

阿呼峯城西南五十里高一百三十步周三里

紅石岩城西南五十四里高五里

官馬山城西南六十里

馬鞍山城西南七十里高十里與磨盤山連

歪頭礶子山城西南八十里高八里

杏山城西南八十五里高二里

平頂山城西南九十里高三里

大黑山城西南一百里高三里

磬兒嶺城西南一百里高五里

摩天嶺城西南一百十里高五里

瑪㻀河大嶺城西南一百二十里高五里

鷹嘴礶子山城西南一百二十里高五里

平嶺城西南一百三十里高三里

牛心頂子山城西南一百三十里

趙大吉山城西南一百四十里

白石磖子山城西南一百四十里

威呼獨木舟也山城西南一百四十里

纓帽頂子山城西南一百五十里

茶壺嘴子山城西南一百六十里

庫勒訥艾虎也嶺城西南一百七十里

太平嶺城西南一百八十里

大荒頂子山城西南一百八十里

太陽嶺城西南二百里

分水嶺城西南二百里

呼蘭山即煙筒山城西南二百五里

大桂子山城西南二百一十里高五里周五十里

仙人洞城西南二百一十五里

杉松嶺城西南二百二十里高三里

官菜磩子山城西南二百二十里

羊圈頂子山城西南二百二十里高三里

氷窖山城西南二百二十里

帽山城西南二百三十五里

當石頂山城西南二百四十里高五里

狗爬嶺城西南二百四十八里高三里

光頂山城西南二百六十里高五里

將軍嶺城西南二百六十五里高三里

壽一曰扎拉芬阿林扎拉芬壽也山城西南二百八十里

老爺嶺城西南二百八十里

天平嶺城西南二百八十二里高五里

和托蘇山和托蘇禿也謂童山城西南三百餘里高四十步周二里上有小堡

額赫不善也峯城西南三百六十七里高九十五步周

七里

薩克薩哈喜鵲也山城西南四百里

博多和山城西南四百里

墩臺山城西南四百里

塞赫哩高低不齊也山城西南四百里高一里餘

巴彥喀喇喀喇黰也山城西南四百里周十二里

科齊克鴿子也山城西南四百里在葉赫城北上有蒐

登堡

哈蘇蘭桃皮也山城西南四百里

伊蘭穆哈連穆哈連圓也山城西南四百里三峯並峙高

八十步周二里拉忻河發源於此

雞冠峯又呼吉林峯城西南四百餘里高一里周二十餘里上有五泉北流分爲五道合爲依巴丹河

庫斡蘭營盤也卽夸蘭山城西南四百餘里高五十步周二里上有石砌小城周五十餘步西一門

歡喜嶺城西十里

屯齊蒙古語存水之謂嶺城西二十里高一百步

雅爾呼達山卽二道嶺城西二十里周四十餘里

觀音嶺城西二十五里高二十五丈有餘

迎門山城西九十里高三十餘丈周十餘里

三道嶺子城西一百五里

桂兒彰嶺城西一百十里高一丈餘周十餘里

薩倫一作薩拉織也嶺城西一百二十里

大頂子山城西一百三十餘里

珠嚕穆哈連珠嚕雙也峯城西一百六十里東西兩峯

蘇斡延黄色也岡城西一百六十九里周百餘里

廟嶺城西一百八十里高三十餘丈

五花頂子城西一百八十里高十餘丈

尖山子城西二百四十里高三十餘丈

北山城西北十里高三百餘步層巒環抱廟宇翬飛

愛罕哈達愛罕驢子也一作額依和恩語有緩急耳城西北八十八里高二百步周二十五里

卧牛背山城西北八十八里高一里周五里

塞赫勒崔巍也峯城西北九十里周十里

石頭頂山城西北一百一十里高二里餘周五里

發實蘭旁岔也峯城西北一百一十七里高一百四十步周十里奇塔穆河發源於此

羅羅豬脊骨也山城西北一百二十里

恩額穆馬鞍也山卽馬鞍山城西北一百二十里明三萬衞東北四百里建州衞東高三里周二十里

呼蘭山城西北一百四十里高一里餘周十里

瑪虎頭一作麻胡小兒所戴面具也山城西北一百四十五里高二里餘周十里

薩爾都山城西北一百五十里高一百三十餘步周十里

伊罕富赫舍庫伊罕牛也富赫舍庫草也峯城西北一百五十里東西火石嶺城西北一百五十餘里

半面山城西北一百六十里高二里偏東有石柱二高丈餘如門形中有仙人洞其深不測

銀礦山城西北一百六十里高一百餘步周五里

四若頂山城西北一百六十里高二里周十里

額赫烏蘭烏蘭溝也山城西北一百九十里高五十步周三十里

博屯一作博敦粗豪也山城西北二百里高一百步周三十里北有小山上有金婁室墓

瑚珠槽嶺也城西北二百二十里

拉呼塔白翅鷹也山城西北三百七十二里高三十步周二里

拉克恰好也山城西北四百一十二里高二里餘周百餘里

布爾圖庫蘇巴爾罕蘇巴爾罕塔也山城西北五百里上有浮圖其西北有邊門

元天嶺城北三里

錫爾坦鄂佛羅錫爾坦桅杆也鄂佛羅鼻也山城北十里高一里周三里

二道嶺城北十八里

三道嶺城北二十三里

鄂也碓窩山城北二十七里高一百步周四里

太平山城北七十餘里高半里餘周五里餘

黑山嘴子城北八十里高半里餘周五里餘

金珠鄂佛羅金珠無又山城北八十里即烏拉城東枝樹也　之錦住峯

哈達礶子山城北一百里高三里餘周十五里餘

呼延嶺城北一百里

馬家大山城北一百餘里高三里餘周二十餘里

鵝頭山城北一百餘里高二里周十里餘

八臺嶺山城北一百十餘里高五里餘

法勒瑪峯城北一百二十里

南尖山子城北一百二十餘里高四里

珊延峯城北一百三十里周二十五里

法特哈鄂佛羅法特哈獸蹏也山城北一百四十里

北尖山子城北一百四十五里高二里餘周十里餘

團山子城北一百四十五里高里餘

西崴子城北一百六十里

東崴子城北一百六十八里

桃山屯山城北一百七十里高二里餘周十里餘

刀印山城北一百七十里高二里餘

雙石頂山城北一百七十里高二里餘周十里

龍門山城北一百七十里高三里周十里餘

石家嶺城北一百七十里

閻王鼻子山城北一百七十餘里

巴彥鄂佛羅山城北一百八十里

龍頭山城北一百八十里高六丈餘

猴石山城北一百八十二里高一里餘周六里

五里坡城北一百八十七里

啞叭嶺城北一百九十二里

團山子城北二百一十三里高里餘與東尖山接

黃山嘴子城東北二十里

伊罕山城東北三十里

色赫哩峯城東北三十里

下江密峯城東北四十五里

老虎嘴子城東北八十里

發烏勒呼瑪發總也烏勒呼瑪雉雞也峯城東北九十五里高一

百五十步周十里

荒山子城東北一百五里

青龍山城東北一百八里

頭道滴達城東北一百十里

石人山城東北一百一十五里

塞赫哩山城東北一百二十里周十里

夾板嶺城東北一百二十五里

前後團山子高四十餘丈周各十餘里在城東北

亮甲山城東北一百五十四里

牛心頂子山高五十餘丈周五十餘里在城東北

大石頂子城東北一百六十里

仙人洞城東北二百里又一在伊通州西南

八道嶺子城東北二百一十里

納穆生茶也窩集吉林城東一百二十里高三里餘城

東南諸河俱發源於此西接納穆達巴罕

塞齊劃破之謂也窩集吉林城東二百一十二里高五里

周十里城東諸河及甯古塔諸河俱發源於此

瑪爾瑚哩窩遠之謂也窩集吉林城東六百一十里

琿托和也一半窩集吉林城東七百六十里

聶赫赫一作尼葉赫野鴨也窩集吉林城東八百里

蘇扎哈十二支之巳也窩集吉林城東一千里東南曰鄂勒

歡綏芬

烏蘇哩窩集吉林城東二千二百里

色勒鐵也窩集吉林城東南四百五十里

納秦海青也窩集吉林城東南七百三十里長白山之北崇岡疊嶂茂樹深林百餘里城南諸河俱發源於此

勒富熊也窩集吉林城東南一千五百四十里勒富河

發源於此

庫勒納窩集吉林城西南一百四十里東接庫勒亨窩集北接庫楞窩集其南即長嶺子城西諸河俱發源於此

納嚕窩集吉林城西南五百四十九里即分水嶺之南麓密林叢翳周數十里城西南諸河及興京界内諸河俱發源於此

錫蘭相連也窩集吉林城東北一百九十五里

和倫威武也窩集吉林城東北二百五十三里西接鄂多諾山

瑪延窩集吉林城東北四百五十里

小窩集吉林城東北八百三十里

佛勒亨草棚也窩集吉林城東北一千五百里

畢展邊也窩集吉林城東北一千七百里

奇穆尼青麻也窩集吉林城東北一千七百四十里

吉林一帶之謂也窩集吉林城東北二千一百里

亨庚蓬首也窩集吉林城東北三千五十里一作亨根倭集

敦敦小蝴蝶也窩集吉林城東北三千四百里

都林一半也又中間之謂窩集吉林城東北三千六百里

劉綸恭和

御製窩集行元韻一髮無崇岡一掌無大陸美哉洵吉林得
地皆灌木木生太古閲世頻有若鼻祖見耳孫號爲
窩集鉅細别茲山絕特尤離羣傍崖誰闢士囊口巨
靈前驅五丁後密蔭翻疑鸞鵠停樛枝瘦似蛟蛇走
爾時霜氣渲紅青俔黃小稿無能名又如擁塗萬斿
纛靈威護
輦艮可徵清音上度迦陵鳥遥光下發岱輿草脫葉羅踈訝
雨花馬頭亂點人爭道虛翠沾衣不知處薝蔔優曇
本無樹兩丸日月東復西溟濛一氣惟仙霧春秋八
千孰推此衆香國擬無遮比不材木植何有鄉大海

微漚能著幾就中松塔多離奇巍巍七級知誰爲盡
斫根柯求粟粒落實棄材奚取斯出山共訝鬢眉青
袖中謖謖天風聲佳境耳食苦難寫齷齪空慙拾橡
行二百二十一 盛京通志
汪由敦前題神輿鬱磅礡占漸得于陸震維納大林
盛德乃在木彌皐蔽谷入望頻叢駢攢立枝生孫滄
溟扶桑近可拂曲轅櫟社非其羣臨阻疑來土囊口
前行欲迷顧其後暗聞鱗葉鼯鼪飛直礙標枝麋鹿
走霜紅煙綠冬能青誰能一一蹤其名維條維喬書
莫紀其灌其栵詩奚徵翻因地迥無樵爲下蔭長生

不枯草三珠五鬣何足奇百尺十圍那勝道千里安窮木盡處恍接天邊白榆樹依微停午漏曦陽霮䨴終年鎖雺霧濤翻大海有如此雲湧層峯未堪比大椿空說八千春太始以來什伯幾審知富媪多神奇奇由天造非人爲關山江海富

新製得未曾有創見斯

鸞旗掩映秋氣清毫端颯颯天風聲榮光萬道燭林表譜出

東巡塞上行同上

金德瑛前題連延循山東有險少平陸忽然氣陰翳丁丁響啄木猴猴麋鹿呼嘯頻老幹樛枝子復孫輪

囷拳曲各異態，秦槐漢柏遥同羣行入聯轡到谷口
前者遮前後掩後日光瑣碎罅隙間縱横布影龍蛇
走流黄飛翠儼丹青疑楓疑櫟不可名紫緑布障數
十里目擊天然信有徵尋巔沿麓迷處處恍惚仙人
來嘯樹輦路中開二丈餘欻爾青天豁然霧良材輕
費賤若此長途截取鋪鱗比蹏聲得得馬生風已是
摧殘億萬幾徑路幽閟增怪奇窩集未必皆天爲儻
或供架樵蘇用安得長養恒于斯幾灣流水渡淺清
蔌蔌猶傳亂葉聲回頭依舊蒙茸在可記身從此內
行 同上

伊通州

七箇頂子山州東南二百五里

三箇頂子山州東南二百十里

牛心頂子山州東南二百十里

孤頂子山州東南二百十里

帽兒山州東南二百二十五里

窟窿山州東南二百六十里

交界頂子州東南二百六十里

搭連山州東南二百七十里

朱奇山州東南二百八十里

船底山州東南三百九十里
四方頂子山州東南四百一十里
那爾轟山州東南五百二十五里高十餘丈
大黑頂子山州南三十里
萬寶山州南一百里
扇面山州南一百七十九里
椅子山州南一百九十里
磨盤山州南二百里
大鍋盔山州南二百二十五里
小鍋盔山州南二百三十里

小孤山州西南三十五里高二十餘丈

額爾坦額默勒額爾坦金也額默勒馬鞍也山即大孤山州西南

七十五里距吉林城三百四十餘里

朝陽山州西南一百三十五里

仙人洞州西南一百九十里

龍潭山州西南二百八十里高十三丈上有七頂羣山左右向前環抱如門中有巨潭周里餘其深莫測亢旱之時禱雨驟應

太安山州西南二百九十里高二十五丈

呼蘭峯高八十步周十里州西南葉赫城東北距吉

林城四百餘里
薩哈連洪科薩哈連黑也洪科鴉嘴也山在州境距吉林城西南
四百餘里周百里即黑嘴山也
壽山即查拉芬阿林也在州境距吉林城西南四百
餘里康熙二十年
聖祖仁皇帝謁
陵禮成大蒐
駐蹕於此恭遇
萬壽聖節因
賜名曰壽山乾隆十九年

聖駕駐蹕於此亦恭遇
萬壽聖節於幔城行慶賀禮有
御製八月十三日作詩一統志
古城山高一百五十步周二里在州境距吉林城西南四百餘里
珊延沃赫沃赫石也山即白石山在州境距吉林城西南四百三十里高四十步周一里近葉赫城又一近邊門
烏嚕哩羊棗也山在州境距吉林城西南四百七十里高三里周三十里烏嚕哩河發源於此

愛新山在州境距吉林城西南四百九十里高一
金
也
里周五十里

半截塔山在州境距吉林城西南五百里臨葉赫城

上有半截塔故名

長嶺子在州境距吉林城西南五百里土名果勒敏
珠敦南接納嚕窩集北接庫勒訥窩集自長白山南
一嶺環繞至此綿互不絶遂爲衆水分流之地東北
流爲雅吉善河輝發等河入混同江西北流爲英莪
𤄙河哈達葉赫克爾素等河

蒙古峪在州境距吉林城西南五百里在葉赫城西

南四十里

德克山在州境距吉林城西南五百餘里山前一泉流入哈達河

察庫蘭檀木也山在州境距吉林城西南五百餘里山上有石八一

巴延山在州境距吉林城西南五百餘里高五十步周二里

穆當阿煙臺穆當阿灣曲也山又名呼蘭山在州境距吉林城西南五百餘里高一里周三里

哈勒費延扁也山在州境距吉林城西南五百餘里高

二百餘步周二里

納爾琿與那爾轟同細也山在州境距吉林城西南五百餘里高一百步周二里近葉赫城又一近瞻河高一里周四里

富勒哈楊樹也山在州境距吉林城西南五百餘里高五十步周一里

達揚阿歸附也山在州境距吉林城西南五百餘里高三里周二十里

雅奇箭罩也山在州境距吉林城西南五百餘里

五里山在州境距吉林城西南五百餘里

羅衫山在州境距吉林城西南五百餘里高一百步周二里

臺山在州境距吉林城西南五百餘里高七十步周一里

博勒和潔淨也山在州境距吉林城西南五百餘里高八十步周一里

德恩噶拉德恩高也噶拉手也山即登噶拉山在州境距吉林城西南五百餘里

耕額獨立之貌舊作耕客誤也山即耕客山在州境距吉林城西南五百餘里高一百步周二里餘

尼瑪瑚魚也山在州境距吉林城西南五百餘里高二百步周三里我

太祖高皇帝王子征烏拉築木城於此

尼雅勒瑪州八也山在州境距吉林城西南五百餘里高一百步周一里

敦珠克山在州境距吉林城西南五百餘里高一百步周一里

烏雅富烏雅稀疏也富牆壁也山即威遠堡山在州境距吉林城西南五百餘里一統志謂五百六十六里

嘉碩架子也山在州境距吉林城西南五百餘里近邊

奉天開原縣華家溝河發源於此

烏珠頭山在州境距吉林城西南五百餘里近英額也

邊門

烏勒間猪山在州境距吉林城西南五百餘里又一也

在吉林城東北九百五十里

伊徹新峯在州境距吉林城西南五百餘里其西南也

有哈達新城下有一石城

昂阿西昂阿峯在州境距吉林城西南五百餘里高口也

五里周四十餘里峯之北有烏蘇哩堡

鈕赫狼嶺在州境距吉林城西南五百餘里也

香嶺在州境距吉林城西南五百餘里呼嚕河瞻河俱發源於此

達揚阿嶺在州境距吉林城西南五百餘里在長嶺子北

阿濟格和托和托孤也峯在州境距吉林城西南五百餘里高三里周四十餘里山之西有哈達舊城

安巴和托安巴大也峯在州境距吉林城西南五百餘里高五里周五十餘里峯下有小石城四周密林叢翳峯頂不生草木峯之北或呼爲羅察富爾哈等河發源於此

貴勒赫杏子也峯在州境距吉林城西南五百餘里高一里周二里

達喜穆魯重疊也山在州境距吉林城西南五百一十里高二里周四十餘里南爲瞻河北爲葉赫

勒富山在州境距吉林城西南五百四十里高一里周二十里

扎克丹柏樹也山在州境距吉林城西南五百五十里高一里周十里

巴勒達獸胸前白毛也岡在州境距吉林城西南六百餘里

納嚕山在州境距吉林城西南六百四十二里

烏拉江也山在州境距吉林城西南六百六十里

阿嚕蒙古語山陰也山在州境距吉林城西南六百七十里

呼倫蒙古語葫蘆也嶺在州境距吉林城西南六百八十三

里在

興京門之東按喀巴康薩呼倫三嶺俱長白山南分水

嶺所分也土人因地立名所呼不一

阿布達哩娑羅樹也岡今在州界外距吉林城西南七百

二十里我

太祖高皇帝己未年破明兵四萬於此

珠嚕穆克善穆克善立峯也峯今在州界外距吉林城西南

七百五十里有二峯其一幹即長白南麓一幹西南指者山名各異而峯巒相續其東爲鴨綠江其西即佟家江盡處兩江合流入海

棟鄂山今在州界外距吉林城西南七百六十里西有棟鄂河

康薩刮去皮上毛也嶺今在州界外距吉林城西南七百八十三里呼倫嶺之東

薩穆禪巫人所執鈴也山今在州界外距吉林城西南七百九十里太子河發源於此

三股泉山今在州界外距吉林城西南七百九十五

里

烏珠嶺在州境距吉林城西二百六十七里東南接

舍璘昂阿勒富善熊耳也岡在州境有二一距吉林城西三百四十三里一距吉林城西三百四十六里瀕伊通河東西對峙高三十餘丈周各三里

伊瑪呼青羊也峯在州境距吉林城西三百七十里

葉赫插盔纓之筒子也山在州境距吉林城西三百九十里

克爾蘇海邊鹽池所生之草山在州境距吉林城西四百里近

克爾蘇河

噶哈嶺在州境距吉林城西四百三十餘里其下即英莪部烏鴉也
英莪稱我瞻李子也我

太祖高皇帝甲申年征渾河鑿道於此

雅奇峯在州境距吉林城西五百一十里

鄂克濟哈鄂摩鄂克濟哈菖蒲也鄂摩水泊也山亦名蒲泊山在州境距吉林城西五百八十餘里其下有泊中多產蒲

敦化縣

伊奇松細葉松也岡子在縣西距吉林城東二百十里山出伊奇松故名堅於他松其根近水年久成砮石所謂肅愼氏之砮也

小白山在縣西距吉林城東三百五十里
嵩嶺俗名張廣才嶺嘉慶年間改今名在縣城西北
一百八十里即吉林城東之長嶺也南接英嶺北連
三姓綿亘千有餘里林木叢邃路徑險峻往來行旅
只容一車

長春府農安縣附

日龍駒大嶺府城西五十里與奉天昌圖府接界

巴彥朱爾克山里至未詳

碧柳圖蒙古語礪石也山郎勒克山在克爾蘇邊門外里至未詳

農安縣

紅石磧子山縣城東一百三十里

伯都訥廳

蘭陵山新城東四百三十里

和勒托和山新城東四百三十一里

康山新城東五百餘里

鷹山新城東南一百三十里

珠爾山新城東南二百三十里高十丈

龍頭山新城東南三百七十里

團山子新城東南三百九十里高一里

萬壽山新城東南三百九十里高五丈

雷劈山新城東南四百里

青頂子山新城東南四百一十里高一里

牛頭山新城東南四百三十里高八丈

賓州廳

哈爾噶山阿勒楚喀城東二百里

駝腰子山阿勒楚喀城東南二十里

呼蘭山阿勒楚喀城東南八十里

孤砟子山阿勒楚喀城東南一百里

大青山阿勒楚喀城東南一百四十里

老嶺阿勒楚喀城東南一百五十里

花砑子山阿勒楚喀城東南一百五十里

金頂山阿勒楚喀城東南一百七十里

烏濟密養也山阿勒楚喀城東南一百八十里

高麗帽山阿勒楚喀城東南二百里

歪頭砬山阿勒楚喀城東南二百三十里

東老嶺阿勒楚喀城東南二百五十里

腰嶺子山阿勒楚喀城東南二百九十里

羅拉密山阿勒楚喀城東南三百餘里

索克托庫酒徒也山阿勒楚喀東南八十三里

嘉松阿山阿勒楚喀城南一百四十里

帽兒山阿勒楚喀城南二百里

老黑嶺阿勒楚喀城西南五十里

觀音堂山阿勒楚喀城西南八十里

松峯山阿勒楚喀城西南九十里

荒山嘴子阿勒楚喀城西南一百二十里

黃老道嶺阿勒楚喀城西南一百六十里

團山子阿勒楚喀城西六十里

和勒托和山阿勒楚喀城北二百餘里

拉林山在廳界距吉林城東北二百四十五里（拉林爽快也）

周二十里拉林河發源於此

摩琳山在廳界距吉林城東北二百五十里周三十里（摩琳馬也）

扎松阿山在廳界距吉林城東北三百里高十四里

周五十五里

螞蟻頂子山〈郎瑪𤥎山也〉在廳界距吉林城東北三百一十五里

紅石礶在廳界距吉林城東北三百三十里

歪頭礶子在廳界距吉林城東北三百三十里

索達庫山在廳界距吉林城東北三百三十里

白石礶在廳界距吉林城東北三百五十里

七箇頂子在廳界距吉林城東北三百七十里

老黑頂子在廳界里至未詳高八十餘丈周四十餘里與白石礶接連

五常廳

太平山廳城東一百里距吉林城東北二百七十八里

連環山廳城東南五十里

雲梯山廳城東南五十五里

雲盤山廳城東南九十里

向陽山廳城東南一百里

杏花山廳城南五里

炕沿山廳城南三十里

長壽山廳城西南八十里距吉林城東北二百五十

里

沙兒山廳城北三十五里

桃兒山廳城北四十里

碩多庫山廳城北六十里

元寳山廳城東北一百八十里

帽兒山廳城東北二百里

摩琳山今呼梅楞山亦呼墨埒恩山廳城東北界在吉林城東北三百八十里摩琳河發源於此

索多和山廳城南界在阿勒楚喀城南二百里

雙城廳

團山廳城東八十里

小山廳城東南七十里

雙山廳城東南一百二十里

馬鞍山廳城東南一百四十里

帽兒山廳城東南二百里

錫勒們鴿山在廳界距阿勒楚喀城西二百餘里也

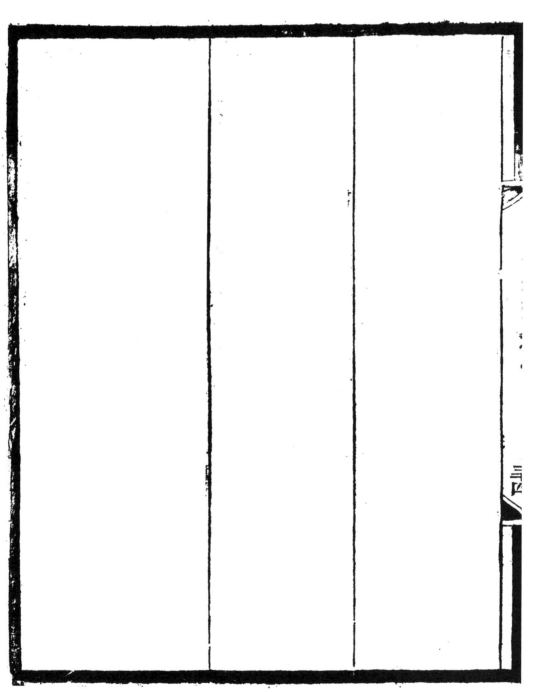

吉林通志卷十九

輿地志七　山川二　山下

甯古塔城

大王山城東五里高二里周三里上有古城南向一門東西北三面俱陡不可上

穆克阿哩哈山穆克水也城東南五百里又稍東有穆克圖哩山

錫木納山城東南五百四十五里

二龍山城南四十里

平頂山城南七十里周五里

長山城南一百里周三十餘里

希扎山城南四百四十五里

杏花山城西南八十里

鄂摩和昂阿山城西南一百里

布拉山城西南一百十里在鏡泊之北高五里周一百里

呼克圖峯城西南一百六十七里

紅山城西四十里

龍頭山城西北六十里高十餘丈在舊城之東

堪達山城西北三百里

小白山城西北四百里

興額哩温車和恩山城北二十里高七丈上有關帝廟瑚爾哈河經山前西流歸三姓江口

老黑山城北三十里高三里周二十餘里山形平坦其東北凸出五里許瑚爾哈河經山前東流與海蘭河會

舊卡倫山城北六十里高數十丈上有野花池山形如鳳有翼

察哈爾蒙古語察罕白色也峯城北八十里高三里周三十里

博羅哈達城東北十五里高六丈形如涼帽

呼勒山城東北三百里瑚爾哈河之南高六里周三十里

瑪爾瑚哩嶺甯古塔界距吉林城東六百一十里西南有和歡山

吉林峯甯古塔界距吉林城東六百四十里

特林嶺甯古塔界距吉林城東七百三十里 特林搖滉也

尙吉顏峯甯古塔界距吉林城東七百四十里 尙吉顏煙氣也

珊延畢爾罕窩集甯古塔城東五十里 珊延畢爾罕水細流也 畢爾罕淺

花蘭窩集甯古塔城東五十五里

呼錫哈哩窩集甯古塔城東南七十里

尼葉赫窩集甯古塔城東南九十里

特林窩集甯古塔城東南一百二十里

穆棱窩集甯古塔城東南二百里穆楞河綏芬河發源於此

呼蘭窩集甯古塔城東南六百里

瑪展亦作密占長披箭也窩集甯古塔城東南六百六十里又一在城西北

尼滿山羊也窩集甯古塔城東南一千六百里

佛楞窩集甯古塔城南八十七里

索爾和綽窩集甯古塔城南一百里

瑪爾瑚哩窩集甯古塔城南一百五十里噶哈哩河發源於此

瑪展窩集甯古塔城西北一百二十里密占河發源於此密占瑪展聲轉字通非兩地也

海蘭也榆樹窩集甯古塔城西北二百里西接畢爾罕窩集與瑪展窩集相連亙數百里

畢爾罕窩集甯古塔城西北二百二十里西接塞齊窩集和倫窩集

扎穆圖蒙古語有路也窩集甯古塔城東北一百三十里

舍赫托牀也窩集甯古塔城東北一百三十里

富達密蒙古語嘔吐也窩集甯古塔城東北一百三十里

薩爾布開展也窩集甯古塔城東北一百六十里

舒蘭果汁也窩集甯古塔城東北二百九十里

阿木蘭前後之後也窩集甯古塔城東北三百二十里阿

木蘭河發源於此

安巴畢喇畢拉河也窩集甯古塔城東北三百八十里安

巴河發源於此

阿勒哈窩集甯古塔城東北六百三十餘里

巴蘭窩集甯古塔城東北六百五十里在混同江之

北相近有巴蘭屯

屯窩集甯古塔城東北八百餘里在混同江北

温登窩集甯古塔城東北一千一百里在混同江北

都爾聲音衆多也窩集甯古塔城東北一千二百里

喀穆尼窩集甯古塔城東北一千四百五十里在黑

龍江東

畢歆窩集甯古塔城東北一千七百餘里

和羅谷也窩集甯古塔城東北一千七百餘里

庫嚕窩集甯古塔城東北一千八百餘里在哈穆尼

窩集之中

明噶哩窩集甯古塔城東北一千八百五十七里

莊藹窩集甯古塔城東北二千二百五十九里
庫勒克窩集甯古塔城東北二千二百六十里

三姓城富克錦附

老鵶窩山城東一百十里高三十丈餘

樹椿樓山城東四百三十里高八十丈餘

馬鞍山城東南十八里高四十餘丈周二十餘里

四箇頂子城東南六十里高二十餘丈周十餘里

長嶺土山城東南八十三里高五十餘丈周三十餘里

土龍山城東南一百三十八里高十餘丈周十里

草帽頂山城東南一百九十里高十餘丈周十餘里

樺皮溝山城東南二百八十里高九十餘丈

阿爾佈蔷山城東南三百三十餘里高百餘丈

老嶺城東南五百二十里高百餘丈東西綿亘一千四百餘里

奶子山城東南五百八十里高九十餘丈

蜂蜜山城東南六百二十里高二百餘丈

揚武吉山城南十八里高十餘丈周九里餘

大頂山城南一百一十里高百餘丈周二十餘里

羝羊礶子山城南二百一十里高五十餘丈周八十餘里

胡什哈達山城南二百三十七里高六十餘丈周九

十餘里
鍋葵山一名鳩梅芬山城南三百七十里高九十餘丈周二十餘里
拉哈阜以草泥壁也山城西南十八里高約八九丈南北亙二十餘里
祥順山城西南一百餘里高五十餘丈
花公集山城西南一百二十五里高二百餘丈横亙二十餘里
五箇嘴子山城西南一百五十里高二百餘丈横亙二十餘里

德木利山城西南一百五十六里高三百餘丈

城牆礶子山城西南一百六十里高二百餘丈南北互十餘里

爾吉利山城西南一百六十三里高三百餘丈

望背礶子山城西南二百一十八里高二百餘丈

丹陽山城西南二百二十餘里高三十餘丈

小迎門石山城西南二百五十三里高二百餘丈

大迎門石山城西南二百七十三里高二百餘丈

占哈達山城西南三百餘里高約七百餘丈

荒臺山城西五里高十餘丈横互二十餘里

郭佈奇希山城西七十七里高七十餘丈

永起山城西一百里高約七八十丈

小羅拉密山城西一百一十六里高四百餘丈

大羅拉密山城西一百二十四里高五百餘丈

楚山城西一百四十六里高五十餘丈內水泡東西十餘里南北二里

蒙古嚕山城西三百餘里高百餘丈與黑龍江省分界

紅石磯子山城西北三十里高百餘丈

小咕嘟山亦名小古洞山小胡特亭河所出也城西

北七十里在混同江北高三百餘丈

大呫嘟山亦名大古洞山大胡特亨河所出也城西北九十餘里在混同江北高三百餘丈

二荒頂山俗名横虎頭山城西北一百三十里高二百餘丈

鳳凰礶子山城西北一百五十里高五百餘丈

鏵子山城西北一百九十里高五百餘丈與黑龍江省分界

呼蘭山即煙筒山城北五十里高十餘丈周二里以形相似故名

察胡蘭即察庫蘭檀木也山城北七十里高百餘丈

窩肯哈達山城東北五里高八十餘丈

朱爾山城東北十里高三百餘丈

巴彥哈達山城東北二十五里高五十餘丈周十二里

阿吉瑪瑪山城東北三十八里高十餘丈南北亘三十餘里東西十餘里

大瓦丹山城東北七十里高十餘丈周三十餘里

三音窩坑三音好也山即三音倭和山倭坑河發源於此

城東北一百二十里高二十餘丈東西亘二十餘里

南北十餘里

發勒圖山城東北一百三十里高十餘丈東西亙二十餘里南北十餘里

半拉窩集山城東北一百三十五里高百餘丈

敖奇大山城東北一百四十五里高六百餘丈

阿木蘭山三姓西南距吉林城東北七百五十里

喀爾喀藤牌也山三姓西南距吉林城東北九百三十里

烏勒間山三姓西南距吉林城東北九百五十里

和隆果山三姓界距吉林城東北一千一百里

綽克賚優（畫鷄於簸箕也）山三姓界距吉林城東北一千一百里

鄂哈山三姓界距吉林城東北一千一百三十里

古哈（他也）山三姓界距吉林城東北一千一百四十里

那丹哈達拉（那丹數之七也哈達拉轡頭也）山三姓界距吉林城東北一千二百八十里又一見後一千七百五十里

萬達（梯子也）山三姓界距吉林城東北一千三百里

富楞吉（灰也）山三姓界距吉林城東北一千三百八十里北接興凱湖

鄂爾呼拉（蒙古語有氣勢黑鬃尾黃馬也）山三姓界距吉林城東北

一千四百三十里

喀克塔山三姓界距吉林城東北一千四百八十里

凱齊卡倫也山三姓界距吉林城東北一千五百三十里

阿木齊第一也山三姓界距吉林城東北一千六百里

伊嚕蒙古語尋常之謂山三姓界距吉林城東北一千六百九十里

庫魯山三姓界距吉林城東一千七百里

錫伯莝草也山三姓界距吉林城東北一千七百里

密占山三姓界距吉林城東北一千七百里

那丹哈達拉山三姓界距吉林城東北一千七百五十里一見前一千二百八十里

喜魯林山三姓界距吉林城東北一千八百里

和爾邁蒙古語衣襟也山三姓界距吉林城東北一千九百里相近有伊爾昆噶珊

圖弼山三姓界距吉林城東北二千里

穆克圖哩穆克水也圖哩豆也山三姓界距吉林城東北二千一百里

吉林山三姓界距吉林城東北二千一百里

噶爾瑪兎插箭也山三姓界距吉林城東北二千二百里

舒穆祿山三姓界距吉林城東北二千二百五十里

西接烏蘇哩昂阿

完達（與萬達同梯子也）山三姓界距吉林城東北二千三百

五十里

赫克特哩（山肋險也）山三姓界距吉林城東北二千三百

七十里東即使犬路地

揚山三姓界距吉林城東北二千九百里甯古塔城

東北二千九百二十二里

斗色（道冠也）山即陡石山三姓界距吉林城東北三千

里甯古塔城東北二千五百四十四里

鄂提山三姓界距吉林城東北三千七百里

塞楞蘇山三姓界距吉林城東北三千八百里

額福進山三姓界距吉林城東北三千九百五十里

魯木喀爾峯即露木喀爾哈達三姓界距吉林城東北四千里其東南有密陽哈達都郎阿達題雅琿塔布哈提陽阿奇佛林卓和璘七鄂佛羅

額和弼直落向前也峯即額赫壁哈達三姓界距吉林城東北四千五十里其北有斡什普努清阿哩哈爾瑪圖鄂托科達拜五鄂佛羅

交濟手掌也峯即交濟哈達三姓界距吉林城東北四

千五十里

克卜特蒙古語卧也峯即克布特哈達三姓界距吉林城東北四千五十里

英吉伸山在庫葉島距吉林城東北四千三百五十里

阿當吉鱗也山在庫葉島距吉林城東北四千四百五十里

塔他瑪拉也山在庫葉島距吉林城東北四千四百五十里

奇都齊蒙古語已滅盡也山在庫葉島距吉林城東北四千

四百五十里奇都河發源於此西南爲使鹿部地

圖克蘇呼蒙古語惶恐也山在庫葉島距吉林城東北四千四百五十里

畢朗吉山三姓界在甯古塔城東北九百里混同江之南岸高五里周七十里

額爾古呼遞蒙古語山三姓界在甯古塔城東北一千里混同江之南高四里周六十里

穆哩罕山三姓界在甯古塔城東北一千六百五十里

哈勒琿溫暖也山三姓界在甯古塔城東北一千八百

里

老羌山三姓界在甯古塔城東北二千一百九十里

卓哩奇山三姓界在甯古塔城東北二千五百六十八里

哲勒肯山三姓界在甯古塔城東北二千五百八十五里

孟額山三姓界在甯古塔城東北二千六百四十四里

殿山三姓界在甯古塔城東北二千七百二十一里

又名殿山嘴上有碑二一即特林碑也

庫勒克山三姓界在甯古塔城東北二千八百餘里混同江之南

庫勒布山三姓界在甯古塔城東北三千五十八里混同江之南近費雅哈界

揚古岱山三姓界在甯古塔城東北三千二百六十九里

九文山三姓界在甯古塔城東北三千二百六十九里

楚察簪山三姓界在甯古塔城東北三千三百三十五里

瑪呼兒臉也山三姓界在甯古塔城東北三千五百六十六里

鄂錫克塔山三姓界在甯古塔城東北三千六百七十里

甯聶哩神山三姓界在甯古塔城東北三千七百一十八里

庫穆納神山三姓界在甯古塔城東北三千八百五十里

廟灣山三姓界在甯古塔城東北三千八百三十七里混同江口之北即廟兒山也

額爾奇埒山三姓界在甯古塔城東北三千八百五十五里

穆丹山三姓界在甯古塔城東北三千九百一十三里

白庫山三姓界在甯古塔城東北三千九百五十二里

傕馬山三姓界在甯古塔城東北三千九百七十九里

雅哈火也無啖島在三姓東北距吉林城一千九百里

摩琳烏珠也馬頭島在三姓東北距吉林城二千一百

里烏蘇里江口之北

海内天然八島在三姓東北距吉林城四千里混同江口之東天氣晴朗時立島上以遠鏡望之可見庫葉島高山

雅普格哩島在三姓東北距吉林城四千里

圖勒庫蒙古語支撑也島在三姓東北距吉林城四千里

沃新楚魯沃新升也楚魯蒙古語結實也峯島在三姓東北距吉林城四千里

東海島在三姓東北距吉林城四千四百一十里

阿庫密窩集三姓界在甯古塔城東一千四百二十

里

僧庫勒窩集三姓界在甯古塔城東二千一百一十四里

畢楞窩集三姓界在甯古塔城東二千二百一十六里

克勒穆窩集三姓界在甯古塔城東二千三百三里

畢喀根窩集三姓界在甯古塔城東一千六百五十九里

富克錦城

瓦里和屯山城東二百一十里高八丈周五里

瑪庫哩山城東二百二十五里高九丈周二十五里距江岸三里

巴依克特力山城東南一百六十餘里高四十八丈

元龍山城東南二百里高七丈

温徹和恩山城東南二百六十里高五丈周二十五里距江岸二十里

小黑山城南里至未詳高三十二丈周八十里距江岸九十里

薩卜衡小山城南一百里高十一丈

畢蘭音山城西南五十里吉林城東北一千四百里

高一百八十丈周百里距江岸二十里相近有達布庫

和圖喀卡蘭山城西南二百七十里高四十五丈距江岸八十里

昂古喀蘭山城西南四百二十里高三十五丈距江岸三十五里

蘇杜哩喀蘭山城西南五百六十里高三十丈距江岸二十五里

佛倫山城西南高九丈里至未詳

大虎林山城西南高七十丈里至未詳

發希山城西南高四丈里至未詳

大鍋魁山城西南高四百餘丈里至未詳

阿爾喀山城西南高五百四十丈里至未詳

青嘴子山城西南高一百一十餘丈里至未詳

七星磖子山城西南高五百四十丈里至未詳

西芬嘴子山距城里至方鎮未詳

喀爾佈山城西二百一十五里高六十丈距江岸一百一十里

烏爾古力山城西北三十五里高二百三十丈距江岸二十五里

哈達密山城北二百三十里高九丈周二十里距江岸四十里

依窩蛋山城東北一百五十里高十五丈周一百二十餘里距江岸六十里

琿春城

阿勒楚喀山城東五里

神仙頂子城東五十里高八十丈

喀爾岱山城東八十餘里

四方頂子山城東一百三十里

雲臺山城東南九十五里高四十三丈

長嶺子城南三十里

黑頂子城南七十五里

沙草峯城南一百四十五里

外火龍溝嶺城西南三十里

裏火龍溝嶺城西南六十三里

火龍溝嶺城西南八十里

光霽峪城西南一百二十里

和龍峪城西南一百六十里

土山子城西南三百六十里

牛心頂子山城西南三百七十里高六十丈

將軍石山城西南三百七十里高三十八丈

長坡嶺城西南四百五十里

望將臺山城西南四百八十里

長山嶺城西南五百一十里

紅土山城西南五百三十里

茂峯城西南六百五十里

章登嶺城西南六百六十二里高一百二十丈

大盤嶺城西三十五里

豐都大嶺城西一百二十里高八十丈

荒山坡城西北五十里高四十餘丈

空洞山城西北九十二里

高麗嶺城西北一百二十里

小盤嶺城西北一百三十五里

尼什哈嶺城西北一百四十三里

饔圏山城西北一百九十二里

鍋盔山城西北一百九十五里高六十九丈

帽兒山城西北二百五里高五十六丈

牛心山城西北二百二十里

窟窿山城西北二百二十五里高六十二丈

磨盤山城西北二百三十里

瑚珠嶺亦名太平嶺城西北二百三十四里

延吉岡亦名南岡城西北二百四十里

蛤螞塘嶺城西北二百四十七里

達爾呼特峪城西北二百五十餘里西接富勒哈峪

馬鞍山城西北二百六十里
天寶山城西北二百八十五里
五峯山城西北二百九十里
廟兒嶺城西北三百里
土門子山城西北三百一十里又一在城北
四方臺山城西北三百二十里
甕圈礶子山城西北三百二十里
牛駝嶺城西北三百三十里
滚牛礶子山城西北三百四十里
鳳頭山城西北三百五十六里

哈爾巴嶺城西北四百里高五十丈

富爾嶺城西北四百五十八里

秫稭垛山城西北五百四十里高一百四十六丈

七十二箇頂子山城北二百里

土門子山城北二百餘里

依蘭溝山城東北一百九十里

分水嶺城東北二百一十里

草帽頂山城東北二百三十里

通肯山城東北二百七十里吉林城東南一千二

百一十里甯古塔城東南七百里暉春河發源於此

小老松嶺城東北四百三十里

孤山子城東北四百四十里

琿達蒙古語咱們也山琿春界吉林城東一千一百里

多雍果緞也寸蟒山琿春界吉林城東一千一百二十里

哈喜也急山琿春界吉林城東一千一百五十里

庫哩哈之謂嚇住山琿春界吉林城東一千二百二十

拉拉也末山琿春界吉林城東一千四百五十里

勒富特勒庫山琿春界吉林城東一千六百里

納恩圖也不淨山琿春界吉林城東一千七百四十里

錫喀塔牲畜短少也山琿春界吉林城東二千一百里郎

甯古塔城東南一千五百七十里之錫赫特山也山起南海訖東北混同江口綿亙二千餘里山西之水皆入烏蘇哩江混同江山東之水皆自入海實一大分水嶺也其隨地異名皆此山之支麓耳

英莪嶺野蒲萄也與英額同琿春界吉林城東南六百八十里

平頂山琿春界吉林城東南七百里

穆克德亨嶺琿春界吉林城東南九百二十里

黑山琿春界吉林城東南一千里東北山曰黃頂子

西沾山琿春界吉林城東南一千一百三十里甯古

塔城東南六百三十里高五里周三十里琿綽渾河

珠倫河俱發源於此即舊志所謂喜彰山也

烏爾琿（一指也）山琿春界吉林城東南一千一百三十里甯古塔城東南六百二十里高五里周三十里

喀勒達（黑頭也）山琿春界吉林城東南一千一百八十里

喀發山琿春界吉林城東南一千一百九十里

阿敏（後鞍橋也）嶺琿春界吉林城東南一千二百二十里

布達（飯也）山琿春界吉林城東南一千七百里南接布達窩集

庫蘭（即庫幹蘭也）峯琿春界吉林城東南二千三百里

笊籬山琿春界甯古塔城南南五百八十里高二里周四里英愛河發源於此

英愛（與英莪同）山琿春界甯古塔城東南七百里高一里周二里

蘇達拉山琿春界甯古塔城東南七百五十里高半里周四里

輝和羅峯琿春界甯古塔城東南一千四百里高五里周十餘里

烏赫濟峯琿春界甯古塔城東南一千五百里高四里周十里

呼蘭峯琿春界甯古塔城東南一千六百里高六里周十五里

碧奇山琿春界甯古塔城東南一千六百三十里高一里周五里

珊延島琿春東南距吉林城一千一百四十餘里

小多璧也狐貍島琿春東南距吉林城一千二百五十里

西斯赫也褥島琿春東南距吉林城一千二百六十里

阿薩爾烏島琿春東南距吉林城一千二百七十里

大多璧島琿春東南距吉林城一千二百七十里

妞妞斐顔妞妞呼愛小兒之謂斐顔色也烏琿春東南距吉林城一千三百里

扎克塘吉烏琿春東南距吉林城一千三百里

法薩爾吉烏琿春東南距吉林城一千三百里

岳杭噶烏琿春東南距吉林城一千三百一十里

鄂爾博綽烏琿春東南距吉林城一千三百二十里

特依楚烏琿春東南距吉林城一千三百二十里

翁郭勒綽烏琿春東南距吉林城一千三百三十里

和爾多烏琿春東南距吉林城一千三百三十里

蒐楞吉烏琿春東南距吉林城二千里

勒富島琿春東南距吉林城二千一百里甯古塔城八百八十四里

舒圖島琿春界在甯古塔城東南五百九十三里

打牲烏拉城

錦住峯城東高七十五丈卽金珠鄂佛羅也距吉林八十里在烏拉東十里許

團山城東二十三里高五十四丈小錫蘭俗曰西淏河之

北

牛山城東南高三十丈

古路嶺城東南三十里

塞赫哩哈達城東南三十里

發寳蘭峯城東南高二百一十二丈

猴石山城南四十里上有石形如猴因名

太平山城西二十里

九泉山城西北二十里有仙人洞峯上有九泉冬夏長流

佛赫庫山城西北三十五里高二百三十二丈

額阿哈達城西北四十里其峯每見雲出雨將至矣

聶馬什峯城西北四十里

老牛星山城西北五十里

萬寶山城西北七十里

薩爾達山城西北高七十七丈

金珠哈達城北二十五里上有古城遺基

鳳凰山城東北四十里距吉林城一百二十里層巒

疊嶂爲諸山冠東西各有洞天將雨先有雲氣出其間

吉林通志卷二十

輿地志八　水道表

松花江入海

額赫諾因額赫兇猛也諾因流也河

三音諾因三音好也河

哈勒琿穆克哈勒琿温暖也穆克水也河

雖哈艾也河

那爾琿細也河

尼石哈小魚也河

安巴圖拉庫安巴大也圖拉庫瀑布也河

阿濟格圖拉庫阿濟格小也河

尼雅穆尼雅庫河

富爾哈口袋也河

古洞河

塞珠倫野菜也河

薩穆什散也河

以上十三水皆於吉林府及敦化縣界入松花

江

輝發河

白銀河以下七水皆於奉天界入輝發河

押鹿河

大沙河

伊通河

三屯河

亮子河

蝦蟆河

當石河以下三十七水皆於吉林府境入輝發河

交河一曰覺哈乞化也

二岔河

巽山屯河

托佛河

報馬川河

細鱗河

石頭河

通順屯河

陳家屯河

横德屯河

智德屯河

富太河

色勒河

獨立屯河

黑石頭衕河

豬嵴礶子河

頭道溝

二道溝

三道溝

四道溝

五道溝

呼蘭竈突河也

法河法一作發窗也

蘇密河即粟末之音轉

公河一曰滚河　國語曰固恩滚字之切音也

大簸箕河

小簸箕河

五道溝

四道溝

三道溝

二道溝

頭道溝

大蔄兩河

小萬兩河以下二水入大萬兩河

街基河

金沙河即奇爾薩河

以上四十四水皆輝發河所受於伊通州吉

林府境滙入松花江

密什哈溝即尼什哈河

大穆欽河即穆辰河斧子也

小穆欽河

大英溝河

小加皮溝河

五虎石河

古洞河

大嘎哈溝河

小嘎哈溝河

漂河

柳樹河

牤牛溝

以上十一水皆於吉林府境散入松花江

拉發河

大沙河以下四水入拉發河

樺樹河

石頭河

大交河

以上四水皆拉發河所受於吉林府境滙入

松花江

瑪延也肘子河

響水河

涼水河

大牤牛溝河

小牤牛溝河

大富太河

小富太河

雅們也衙門河

依蘭嘎雅河

海蘭海

額赫茂惡樹林也河

小舍利河

大風門河

小五棒溝河

桂子溝河

十景溝河

阿濟格哈達河

温德赫恩河　即温德亨河温德亨板片也

大綏哈河　此水入温德赫恩河

依罕阿林河　即依罕山河依罕牛也阿林山也

嘎雅河　此下二水入依罕阿林河

雙岔河

東沙河

通氣河

錫蘭河

喀哈烏雅河以下三水皆入錫蘭河也

富爾特恩河

舒蘭河

西崴子南河

西崴子北河

黄家邊河

柳樹河

巴顔河豐富也

穆書河

太平溝河此水入穆書河

小河

以上三十五水皆於吉林府界散入松花江

伊通河

小伊通河

伊巴丹木也河 穢黎

柳樹河 此水入伊把丹江

溝口屯河

放牛溝河

新立城河

驛馬河

新開河此河入驛馬河
太平溝河此河入新開河
伊勒門也閻王河
玻璃河此下二水入伊勒門河
蘇斡延也黄色河
石頭河此河入蘇斡延河
薩拉也纖河此水入伊勒們河
梨樹溝河此河入薩拉河
興隆河
蘇通河

穆書河
小河灣河　此河入穆書河
二道溝河
新立屯河
沙河
霧海河
以上二十三水皆伊通河所受滙入松花江
錫蘭河
二道河
以上二水皆於吉林府境散入松花江

嫩江

此一水於黑龍江界流入松花江

大肚川

四合堡河

兔斯河

黑石坨河

以上四水皆於伯都訥廳境散入混同江

拉林爽快河也

霍倫一作和倫河威武也以下十六水入拉林河

舒蘭河

哈薩里快牛河也

響水河

寒葱河

渾水河

小石頭河

靠山寨河

黃泥河

錫蘭河

小沙河

半截河

七道河

六道河

五道河

莫勒恩即摩琳河馬也

石頭河以下八水皆入莫勒恩河

小莫勒恩河

沖河

小沙河

湘水河

七才河

薛家灣河

劉泡河

大泥河

小石頭河以下八水皆入大泥河

姜家溝河

疙疸橋河

元寶河

小泥河

葦沙河

大石頭河

六道河

條子河以下十二水皆入莫勒恩河

小六道河

半截河

楊樹河

藤子河

四道黃泥河

三道黃泥河

二道黃泥河

頭道黃泥河

琉璃河

頭道河

柳樹河

背陰河

卡路河

卡岔河

二道河此水入卡岔河

董家屯河

蘇家窩堡河

以上五十水皆拉林河所受於賓州廳境滙

入混同江

朝陽屯河

葦塘溝河

大亮子河

正陽河

以上四水皆於賓州廳境散入混同江

阿勒楚喀河

花磖河

小黄泥河

混元河

太平川

二道關門河

大黃泥河

帽兒山水　此水入大黃泥河

泉眼河

孫家店河

大石頭河

小石頭河

沙河

哈馬塘河

大腰溝河

箭子溝河

新立河

前二道溝河

後二道溝河

海溝即金史之海古勒河

大海溝河以下三水皆入海溝河

小海溝河

茂石河

太平溝河

後進屯河

廟台灣河

以上二十餘水皆阿勒楚喀河所受於賓州

廳境滙入混同江

白魚泡

橫道河

以上二水皆於賓州廳境散入混同江

斐克圖間隙也河

安巴佈拉庫河此水入斐克圖河

李家屯河以下三水皆入安巴佈拉庫河

左家屯河

西溝河

高麗溝河

大舍利河

柳樹河

草廠河

徐家堡河

小舍利河

興隆溝河

以上十一水皆斐克圖河所受於賓州廳境

滙入混同江

稗子溝河

朝陽河　此水入稗子溝河

烏兒河

紅石磖河

海里琿河

五道林河　此水入海里琿河

三道溝

馬蛇河

三岔河　此水入馮蛇河

耞板河

元寶溝河以下三水皆入耞板溝河

東坡閘河

恆道河

萬人愁河以下三水皆入恆道河

朝陽河

湯石河

陶淇河

五道崴子河此水入陶淇河

大泡河

半截河以下二水入大泡河

石洞河

擺渡河

高麗帽子河以下二水入擺渡河

小擺渡河

白魚圈河

黃魚圈河

瓜蘭川河

張窩堡河

王保河

黑河

以上二十餘水皆於賓州廳境散入混同江

瑪延河

小石頭河

養魚池河

七道河

金沙河

倭沙河

鍋盔頂山水此水入倭沙河

搭連泡河

大沙河
西烏吉密河
西亮子河
牛心山河此水入西亮子河
雙磖子山水
花磖子水
阜山屯水
橫頭山水
金沙泡
空心柳河

通河泡

黄玉河

長壽泡以下六水皆入黄玉河

元羊碏子河

楊木河

金沙河

小平安河

平安堡河

石洛河

長壽河

柳樹河

板石河以下二水皆入柳樹河

楊木頂子河

三合店河

金沙河

東長壽河

東烏吉密河

小林河

大林河

金鳳河

荆家台河
金坑河
小柳樹河
大柳樹河
關門觜子河
二道坡子河
東亮子河
大青山河以下六水皆入東亮子河
錫林河
驛馬河

大遂河

小遂河

小石頭河

石頭河

桶子河

白磖山河以下四水皆入桶子河

大珠林河

二道河

三道河

黄泥河

小黄泥河此水入黄泥河

以上五十八水皆瑪延河所受於賓州廳境滙入混同江

方正泡

彈弓泡

蒲萄泡

横頭泡

黄泥河

楚山泡

富拉琿也始初河

林子河

小橋河

薩林河

祟古爾庫站河

永起河

打沖河

黑霞溝河

化石哈泡

瓦洪河

郭卜奇希河

錫伯河

朱奇河

二道河

頭道河

達林河

大胡特亭河

小胡特亭河

以上二十四水皆於三姓城境南北交入混同

江

瑚爾哈河 即牡丹江

四道溝河

黄泥河

大石頭河

滴搭觜河

半截河

小石頭河

葦子溝河

雷風溪河

朝陽河以下三水皆入雷風溪河

興隆河

橫道河

蝦蟆塘河

珊延穆克珊延白也穆克水也河

頭道河以下三水皆入珊延穆克河

二道河

三道河

富勒佳哈紅也河

柳溝河以下五水皆入富勒佳哈河

黃泥河

沙河

盤巧河

涼水泉子

小石頭河　以下四水皆入珊延穆克河

二龍山河

沙河沿河

馬鹿溝河

黑石河　源曰灣灣河

叉魚河　源曰掐尾巴河

大艉舭河　獨木舟也

小艉舭河　以下二水皆入大艉舭河

艥舥河

朱魯多觀 朱魯雙也多觀渡口也 河

伊奇松河 此水入朱魯多觀河

鄂摩索河

東馬鹿河 以下三水入鄂摩索河

西馬鹿河

蘇子河

都林谷 中間也 河

佛多和河 以下二水入都林谷河

當石河

三道登什庫河

二道登什庫河

頭道登什庫河

以上四十四水皆於敦化縣境入牡丹江以

達混同江

塔拉也曠野河

阿拉也橫甸河

托罕也帶飾河

大空其穆河

小空其穆河

珠克騰河祭祀也

畢爾騰河

札津河長垛也

大夾溪河

小夾溪河

松音河蒙古語揀選也

柳樹河

阿布河適纔也

石頭河

畢拉罕河淺水也

愛咵河以下二水皆入畢拉罕河

額伊呼倥倥不濟者也河

鄂摩和湖

海眼

三道河

杏花山水

牛樣子山水

二道河

頭道河

沙蘭河此水入頭道溝河

瑪勒呼哩窵遠之意河

楊木台河

大牡丹屯河

哈瑪河

廟兒嶺水以下二水皆入哈瑪河

梳爾綽河

蝦蟆河

塔克通阿樓房也河

蓮花街河此水入塔克通阿河

伊蘭岡伊蘭數之三也水

商音河

呼錫哈哩河

興𨱎里溫車痕河

海蘭河榆樹也

拉哈密河以下六水皆入海蘭河

雞卵石河

瑪展河

商石河

紅甸子河

石頭河

尼葉黑鴨子河也

特林河

磨刀河以下二水皆入特林河

鐵嶺河

齊克騰天干之河干也

烏赫林總兵河也

阿濟格蘇和辰蘇和辰河斧子也此水入烏赫林河

富達密河

樺樹林河

江密峯河

薩林河

頭道河

哈圖也橫河

飛來河

甯蘿河

錫林河

阿穆蘭河

以上六十二水皆於甯古塔境滙入牡丹江

以達混同江

三道河

夾皮溝河

蓮花泡

呼蘭河

柳樹河

小迎門石河

四道河

三道河

二道河

頭道河

三道河

四道河
大鍋盔頂子河
五道河
烏斯渾河
龍瓜溝以下四水皆入烏斯渾河
額勒和河
湖水畢拉
白棱河
硼松頂子河
尼什哈河

廟兒嶺河

碾子溝河

伯勒河

以上二十四水皆於三姓境散入牡丹江牡

丹江凡受有名之水一百三十滙入混同江

窩肯河

東北岔河

西北岔河

錫金別拉河

茄子河

奇塔河

樹椿樓河

楊樹河

小駝腰河

偏臉子河

陡溝子河

大碾子河

小碾子河

杏樹溝河

赫蘭珠岡河

䍧羊河

吉新河

奇呼哩河

牛結河

巴呼哩河

三道河

二道河

頭道河

魚眼泡

蘇木河

阿穆達河
以上二十五水皆窩坑河所受於三姓境內
滙入混同江
巴蘭河
元寶山河以下三水皆入巴爾河
滿天星河
妙噶珊河
拉穆河
烏風浪河
瓦丹河

穆舒圖河

湯旺河

僧木坑河此水入湯旺河

殷達穆河與旺河也

德依亨河

哈達河

喀爾庫瑪河

安巴河

黑河

奇穆尼河

農江

通江

以上十九水皆於三姓境內散入混同江

烏蘇里江

法納圖河

福金河

能圖河

努哈窩河

瑚葉射貂之河

瑚葉窩也

瑚爾穆河

伊魯河

噶爾瑪河

松阿察河也盔纓

興凱湖

達巴庫河達巴越過也庫下也

牛泡子河

雷風河

橫道河

毛爾畢拉

南岔河

北岔河

網房子河

夕陽河

烏札庫河

白棱河

金銀泡

小穆棱河

庫爾布新河

尼滿山羊河也

以上二十五水皆於琿春東境甯古塔境散

入烏蘇里江

穆棱河

柳芽河

三音畢拉罕

長嶺子河

廟兒嶺河

亮子河

二道老爺嶺河

哈達河

黃泥河

下亮子河

郭奎河

水曲柳河

和圖河

拉字界口河

太平碉子河

斐底河

石頭河

巴蘭窩集河

以上十七水皆於甯古塔境散入大穆棱

河以達烏蘇哩江

奇虎林河

錫布克里河

愛心泡

錫伯湖水

阿布欽剛到河也

以上五水皆於富克錦城境散入烏蘇里江

諾羅烏棲之河處也

喀穆圖河

佛倫窩集水

依瓦魯河

博親河猴子也

大齊勒欽河肉核也

威罕柱河

小齊勒欽河

大隹奇河

小隹奇河

以上九水皆於富克錦城境滙入諾羅河

以達烏蘇哩江

大清河

朱克德河

奇罕爾河

燕窩河

敖翁河

萬達河

畢拉彥河

畢歆凡物平面也河

新開河

阿滿河

蒐里搜尋也河

牤牛河

青牛河

七里空河

以上十四水皆於富克錦城境散入烏蘇哩江烏蘇哩江凡受有名之水七十有三以會

於混同江

庫魯河

敦敦河

博敦河

布庫摔跤有力也河

畢勒里鎖吶河也

查克蒐爾河查克羣也蒐爾衆多也

克齊科斗河也

對罕河

畢勒圖河

格楞河

多索密河耐遠也此水入格楞河

庫勒古河乘也

優克特河蒙古語火鐮也

哈爾吉河急溜處也

喜拉遜部落也河

綽羅名號之號河

都林半也中午之中也河

齊克都哈斷腸也河

延塔哈河

札依湖

奇集海參泊也

瑚依里河以下四水皆入奇集泊

道萬河

錫拉希尋攻一布處也河

諾穆登特河

鄂提河

岳敏河也夫

畢瞻河也折斷

奎瑪阿塔爾噶池

圖纓河之職任任

梅庫海

福達哈河也噴激

錫雅哩河也斜眼

瑪哈勒多河也帽

赫勒爾河鈴聲也

發提音河

森奇勒河樹葉也

奇音河卽欽字之切音正面也

阿里奇河

亨滾河

哈達烏埒河哈達峯也烏埒灰條菜也以下六水皆入亨滾河

額彌勒河

魯庫河

薩穆尼河

伊穆河

噶達拉哈河

巴爾喀河

喀圖察河

伊斯庫魯泊

鄂達里勒河

克齊河

齊林集河

岳米河

里齊河

里齊河

法特哈獸蹏也河

堪丹即堪達罕獸名也河

以上五十八水皆於烏蘇哩江口以下散入混同江總混同江凡受有名之水六百五十有五以達於海

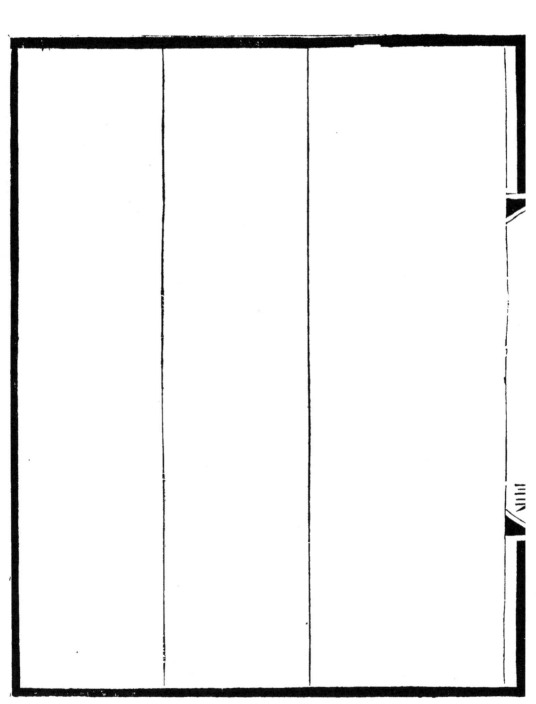

吉林通志卷二十一

輿地志九　山川四　水道表下

鴨綠江之水第二

鴨綠江入海

二十一道溝　以下二十一水皆入鴨綠江

二十道溝

十九道溝

十八道溝

十七道溝

十六道溝

十五道溝
十四道溝
十三道溝
十二道溝
十一道溝
十道溝
九道溝
八道溝
七道溝
六道溝

五道溝

四道溝

三道溝

二道溝

頭道溝

鴨綠江西過帽兒山入奉天通化縣界

赫爾蘇之水第三

赫爾蘇河入大遼河

大孤山河以下五水皆入赫爾蘇河

楊樹河

小孤山河

張家溝河

黃米溝河

赫爾蘇河北出赫爾蘇邊門入奉天奉化縣界

𣊬河入大遼河

葉赫河入𣊬河

老虎洞溝以下二水入葉赫河

艾家溝河

𤢪河來自海龍廳經伊通州境出威遠堡門入奉天開原縣界西入遼河

圖們江之水第四

圖們江入海

紅土河以下五水皆入江

長山嶺河

大箕溝河

外七道溝河

紅溪河

外馬鹿溝河以下二水入紅溪河

石人溝河

外六道溝河以下五水皆入江

枇杷溝河

外五道溝河

石洞溝河

外四道溝河

太平溝河 以下五水入四道溝河

樺樹條子河

小外四道溝河

鹻廠溝河

榆樹條子河

金沙溝河 以下八水皆入江

四

杉松背河

達呼哩溝河

石門溝河

馬平嶺河

始建坪河

大花尖山河

十三道嘎雅河

薩奇庫河　入嘎雅河

三道河　以下六水皆入薩奇庫河

牛圈溝河

石頭河

駱駝砬子河

阿穆達河

小嘎雅河

大荒溝河以下二水入嘎雅河

苦水河

瑚珠河入苦水河

大旺清河入嘎雅河

小旺清河以下五水皆入大旺清河

尖山河

長嶺子河

大柳樹河

小柳樹河

牡丹川河入嘎雅河

羝羊磖子河以下三水皆入牡丹州河

哈瑪塘河

摩天嶺河

白茶溝河以下四水皆入嘎雅河

廟嶺河

窟窿山河

金沙溝河

五人班河以下四水皆入金沙溝河

大坎河

小二道嶺河

新房子河

鬧枝溝河以下二水皆入嘎雅河

佈爾哈通河

北頭道溝河以下十二水皆入佈爾哈通河

頭道溝河

北二道溝河

二道溝河

鰱廠溝河

糧米臺河

廟兒溝河

小廟兒溝河

柳樹河

胡仙洞河

錫林河

太平溝河

朝陽河 以下三水皆入太平溝河

小苦水河

延吉河

海蘭海入㑊爾哈通河

三道溝河以下十一水皆入海蘭河

二道溝河

頭道溝河

四道溝河

五道溝河

六道溝河

七道溝河

小七道溝河

大碃子山河

墩臺溝河

八道河

依蘭溝河以下二水皆入佈爾哈通河

葦子溝河

大通河入江

和尙嶺河以下三水皆入大通河

半截河

泮子溝河

涼水泉河 下四水皆入江

乾河

太平溝河

密瞻河

大黄泥河 以下八水皆入密瞻河

檳榔溝河

梨樹溝河

拐磨手溝河

東岡河

騾圈溝河

小祗搭河

乾密瞻河

老河身河以下三水皆入江

陰陽河

琿春河

香房溝河以下三十五水皆入琿春河

小圖們河

灣溝河

台馬溝河

黑瞎背河

大圖們河

六道溝河

大六道溝河

太平川河

鬧枝溝河

黎樹溝河

氷林河

四方頂子河

五道溝河

大五道溝河

杉松溝河

秀松溝河

榆樹河

四道溝河

小柳樹河

大柳樹河

錫伯河

西鬧枝溝河

胡盧畢拉

三道溝河

外郎溝河

二道溝河

沙金溝河

荒溝河

頭道溝河

大紅旗屯河

駱駝河

車大八溝河

小二道河

大二道河

龍首山河

板石溝河

火龍溝嶺河以下三水皆入江

蓮花泡河

圈兒河

大凡圖們江受有名之水一百四十有三南入於海

混同江口以南以北入海之水第五

英額牡丹河

英安河

珠倫河

橫道河入珠倫河

佛多石河

巖杵河

伊力河

吉新河

舒爾霍薩河

阿吉密河

額吉密河

圖拉穆河

西吉密河

薩瑪河

蒙古河

蜚雅河以下二水皆入蒙古河

納爾琿河

小馬鞍山水

大馬鞍山水

昂邦畢拉即大河也

以上二十水皆於圖們江口以東南流入海

大綏芬河

協領河入大綏芬河

烏拉草甸子河以下三河皆入協領河

羊草河

倭林喀河

綏芬甸子河入倭林喀河

小綏芬河入協領河

塞珠倫河以下四水皆入大綏芬河

大泡子河

萬鹿溝河

瑚佈圖河

老河身河以下五水皆入瑚佈圖河

石頭河

亮家川河

廟兒嶺河

鰱廠溝河

佛爺溝河入大綏芬河

錫伯溝河以下五水皆入佛爺溝河

協枝溝河

索龍溝河

大度川河

狼洞溝河

小瑚佈圖河入大綏芬河

鵲枝溝河入小瑚圖河

外八道河以下四水皆入大綏芬河

內河

琿達河

七道溝河

劉致河以下二水皆入七道溝河

舒圖河

噜哈河以下五水皆入大綏芬河

四道溝溝

三道溝河

二道溝河

頭道溝河

以上四十四水皆大綏芬河所受於圖們江口以東南流入海

黄泥河

小青溝河

大青溝河

馬螘河

佛拉河

錫拉河

錫林河

都爾呼河

烏濟密河

雅蘭河

以上皆南流入海之水

喜祿河

瑚葉克河

額富金河

塔爾芬河

額穆里河

勒富勒河

烏爾欽河

錫拉河入烏爾欽河

岳塞河

額勒河

濟勒河
都爾河
瑚葉克河
奇魯河
僧庫勒河
克默勒河
額齊題河
尼葉里河
提揚鶮河
克哷穆特河

察哈瑪河

底齊密河

尼滿河

都圖佈河

以上皆混同江口以南東流入海之水

甯爾河

古第河

圖瑚魯河

鄂古河

吉特河

瑪呢噶河

阿拉河

索倫河

以上皆混同江口以北東北流入海之水

底拉河

烏底河

以上兩河爲昔時甌脱之地

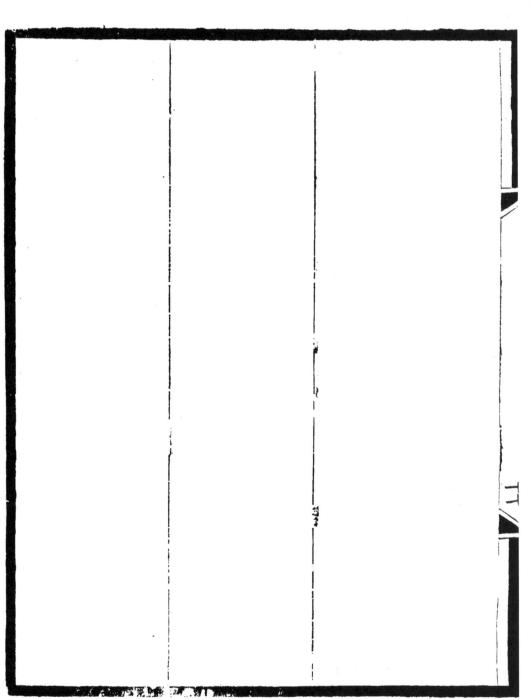

庫葉島之水第六

傅和彌河

杭愛河

題巴努河

温特呼河

楚察馨河

楚拉河

特肯河

益對河

以上八水皆於庫葉島内西流入海

阿當吉河

齊都齊河

塔他瑪河

果多和河

努哩伊河

達希河

薩依河

弼勒圖河

額爾雅河

以上九水皆於庫葉島内東流入海